总主编：孙有中
顾　问：胡文仲 文秋芳

英语教育与思辨能力培养论丛

英语知识课程教学与思辨能力培养研究

王镇平　金利民　主编

外语教学与研究出版社
FOREIGN LANGUAGE TEACHING AND RESEARCH PRESS
北京 BEIJING

图书在版编目（CIP）数据

英语知识课程教学与思辨能力培养研究 / 王镇平，金利民主编. — 北京：外语教学与研究出版社，2014.8（2020.1 重印）
（英语教育与思辨能力培养论丛 / 孙有中主编）
ISBN 978-7-5135-5014-7

I. ①英… II. ①王… ②金… III. ①英语 – 教学研究 IV. ①H319.3

中国版本图书馆 CIP 数据核字（2014）第 198307 号

出 版 人 徐建忠
责任编辑 赵东岳
封面设计 覃一彪
出版发行 外语教学与研究出版社
社 址 北京市西三环北路 19 号（100089）
网 址 http://www.fltrp.com
印 刷 北京九州迅驰传媒文化有限公司
开 本 787×1092 1/16
印 张 8
版 次 2014 年 8 月第 1 版 2020 年 1 月第 7 次印刷
书 号 ISBN 978-7-5135-5014-7
定 价 32.90 元

购书咨询：（010）88819926 电子邮箱：club@fltrp.com
外研书店：https://waiyants.tmall.com
凡印刷、装订质量问题，请联系我社印制部
联系电话：（010）61207896 电子邮箱：zhijian@fltrp.com
凡侵权、盗版书籍线索，请联系我社法律事务部
举报电话：（010）88817519 电子邮箱：banquan@fltrp.com
物料号：250140001

总　序

摆在读者面前的这套丛书的主题是“英语教育与思辨能力培养”。为什么要把英语教育与思辨能力培养相提并论呢?

原因很简单，迄今为止，中国高校英语专业的英语教育与思辨能力培养相去甚远。

英语专业的教学往往专注于语言技能的打磨，不重视学科训练和人文通识教育，因而大量的教学活动都是在机械模仿和低级思维层面展开。英语专业的培养模式往往把语言习得和知识探究割裂开来甚至对立起来，因而常常忽略了在四年本科教育过程中帮助学生通过语言获取知识，并在获取知识的过程中夯实语言功底，提高思辨能力。其结果，英语专业学生比较普遍地患有“思辨缺席症”。

因此，我们认为，中国高校英语教育应该大力推进教学改革，把思辨能力培养融入整个人才培养模式和各个教学环节之中。

我们坚信，高等教育的核心功能乃是要最大限度地开发学生大脑的潜能，这既包括认知能力，也包括情感素质，两者的结合就是思辨能力。具有了这样的思辨能力，学生既可以成为积极参与国家政治和社会生活的合格公民，又可以成为知识和财富的创造者。而造就一批又一批具有高度思辨能力的专业人才，正是我国高等教育改革与发展的当务之急。

我们坚信，在中国高校的人才培养平台上，英语教育应该而且能够和其他兄弟学科一样，不仅给学生搭建本学科特有的知识结构，而且赋予他们在知识爆炸和全球化时代获取信息、探索真理、创造美好生活的思辨能力。

我们还坚信，思辨能力有客观的衡量标准，可以通过对教学理念、课程设置、教学内容、教学方法、评测机制和教材编写的系统改革，得到有效提升。

我们热忱期待与英语界广大同仁一道，开辟中国英语教育的新天地。

孙有中

2011年4月5日于北外

目　录

美国文化教学与思辨能力培养

王恩铭
上海外国语大学

摘要：美国文化充满着悖论和张力，与其价值观念多元化和自由开放精神有密切的关联，为培养中国英语专业学生思辨能力提供了颇为合适的“素材”。有效合理地选择美国文化中较具有典型意义的“假设”和“命题”，如“美国例外论”、“美国无阶级论”、“自由平等论”、“个人主义论”、“政教分离论”、“边疆学说”和“合众为一论”等，借助阅读观点不同甚至完全对立的文章这一方式，辅之以课堂上思想对话式的讲解，此课程有助于启发学生多维度思考，促进他们在批判性解读美国文化的基础上产生和建立自己的见解。是否能实现这一目标取决于（1）授课教师的知识储备和思考维度；（2）教课书和辅助材料的合理搭配；（3）教师的讲解方式——紧扣核心问题、注重思想对话、突出美国特性、结合历史现实。

关键词：美国文化；多维度思考；批判性解读

1. 何为思辨？

所谓“思辨”，涉及两个方面，一个是“思”，一个是“辨”；“思”即思考、思索、思想（think, ponder, contemplate, meditate, and reflect；“辨”即辨析、辨别、分辨（discriminate, distinguish, analyze, examine, and critique/criticize）。

两者的关系是：“思”则重于内容（contents/substance），即“思”什么？“辨”注重于方法（methods/approaches），即怎么“辨”内容。前者解决“what”，后者解决“how”。仅“思”不“辨”，导致是非不分，一片混淆；仅“辨”不“思”，流于形式主义，空洞无物。只有“思”“辨”同时进行，才能实现内容与形式的结合。

2. 美国文化教学中如何贯彻“思辨”理念？

根据上述“思辨”的定义，在美国文化教学过程中，我们应关注（1）内容；（2）方法。

（1）内容：我们要学生思考什么？

A．美国文化主要包括什么内容？

B．美国文化是如何形成和发展的？

C．美国文化具有哪些特色？与其他西方国家的共同点和相异处表现在什么地方？

D．美国文化的核心是什么？

E．美国文化对美国政治、社会、经济发展起了什么作用？

F．美国文化对世界产生了什么影响？

G．美国文化的精华和糟粕是什么？

（2）方法：我们应怎么帮助学生思考？

A．对立性思维方式 （opposing-view approach）

For example:

America is a Godly/religious society.

America is an ungodly/secular society.

B．逆向性思维方式 （reverse-view approach）

For example:

America would be better off if it remained mono-cultural.

American would be better off if it became multicultural.

C．反事实/假设性思维方式 （counterfactual/hypothetical approach）

For Example:

What would America be like if it had been settled by the French?

What would American culture be like if the Protestant Ethics had not been introduced there?

D．多维度性思想方式 （multi-dimensional approach）

For example:

Lincoln’ s Emancipation Proclamation

（1）Were blacks all slaves prior to the Emancipation Proclamation?

（2）For Lincoln, which came first, union or abolition?

（3）Were there political calculations involved on the part of Lincoln?

（4）What about its significance as a war strategy?

（5）What was the moral and political pressure (internal and external) on Lincoln?

（6）How to understand the fundamental principle of American democracy—Men are born equal?

(7) How to understand Jefferson' s metaphor about slavery in the US—The wolf by the ear?

(8) Why was emancipation granted to black slaves in rebellious states only?

(9) Why no laws were made to confiscate former slave-owners' property in the wake of emancipation?

(10) What did freedom mean to freed slaves when they did not own anything?

(11) Does freedom mean much when there is no means to enjoy it?

(12) How great is Lincoln?

E. 辩证性思维方式 (dialectical approach)

For example:

thesis—antithesis—synthesize (正—反—合)

Feminism:

liberal feminism: stressing sameness between men and women

radical feminism: emphasizing differences between men and women

cultural feminism: acknowledging differences between men and women in biological construction (hence men and women play different roles in society), while at the same time stressing sameness in political, social and economic rights (hence men and women should have equal access to all resources)

F. 批判性思维方式 (critical approach)

Never take things for granted, or believe anything at its face value; instead, view anything with a grain of salt. In short, always ask why and how.

For example:

Why is socialism so weak or even absent in America?

Why there are only two major political parties in the USA?

Why hasn' t the labor movement developed into a political party in the US, as is the case in Britain and Australia?

Why is America so intensely religious as a nation?

G. 综合性思维方式 (synthesizing approach)

For example:

Freedom and equality in America

(1) Ideological origin

(2) Historical Origin

(3) Constitutional principles

(4) Political convictions

(5) Religious beliefs
(6) Evolutionary process
(7) Limitations (race, ethnicity, gender and class)
(8) Abuse of freedom
(9) Tension between freedom and equality
(10) Discrepancy between domestic and foreign policies
(11) No absolute freedom in any country, only relative
(上述思维方式有重合甚至叠加之处)

3. 美国文化教学提高学生思辨能力的基本条件是什么？

所谓思辨能力培养，就是要求教师帮助学生提高理性思辨能力，进行基于理性、符合逻辑的批判性思考（to help the students improve their reasoning power to do critical thinking）。

这对授课教师提出了很高的要求。要实现这一目标，作为教师，我们必须在下列方面做好充分的准备：

A．知识结构和知识储备（再好的教学理念和教学方法，如果授课教师的知识结构和知识储备不足，其效果都将大打折扣）

a．首先，教师本身对本课程涉及的内容必须熟悉。（美国历史上的重大事件、美国社会中具有争议的问题、美国政治、社会和文化版图的变化等）

b．其次，教师本身必须具备一定的理论素养。（文化研究理论、政治哲学、女性主义、社会科学和文论知识）

c．再其次，教师本身必须兴趣广泛，对包括西方文明在内的美国文明深入涉猎，建立较厚实的知识储备。

d．最后，教师本身必须喜欢思考、善于思考、懂得思考。要感动他人，我们必须首先感动自己。同样，要学生思考，教师首先要思考。

所谓“喜欢思考”，指的是对任何问题产生好奇、引发兴趣、喜欢琢磨、热衷质疑。

所谓“善于思考”，指的是在一连串问题面前能够抓住问题核心，不为旁枝末节所迷惑，也不被大量的材料所淹没。

所谓“懂得思考”，指的是掌握正确有效地思考方式，即从什么视角、用什么方法切入、观察、阐释某一个具体问题。

B．教科书和辅助材料（所谓“巧妇难为无米之炊”，教材不理想，教学效果只能是事倍功半）

a. 教科书：内容、题材、观点、思路、体例等新颖独特，富有启发，令人深思

注重内容丰富性和厚实性，反对形式花里胡哨

市面上的教材越来越重形式、轻内容；众多教材“干货少”、“水货多”；图片一大堆，答案全到位。这种教材编写方式本身就是鼓励学生不思考，就是要求学生甘于浅薄，就是鼓励学生停止追问。

如果编书者和教师都追求浅薄、甘于平庸、缺少追问精神、没有思考习性，所谓提高学生思辨能力之说，只能是“痴人之梦”之言。

所以，选择教科书一定要重内容——厚实量重、货真价实的教科书

b. 辅助教材：美国文化、美国历史、美国政治和美国社会等方面，美国出版了不少用于激活学生思考的书，如：

Interpreting American Civilization

Opposing Views on American Values

Taking Sides

Critical Thinking on Ethnical Issues

Conflicts and Consensus

Series on American Civilization

C. 授课方法（在教学过程中，教师应注重与学生思想对话，在思想对话过程中，启发和引导学生思考相关问题。可以运用上述思维模式授课）

所谓“思想对话”，指的是引导学生在上课时与教师一起进行“思想之旅”。由教师通过不断地提出问题，引领学生从一种简单的现象进入深刻的思考。

例 1：

Thanksgiving Day

（1）What is Thanksgiving Day?

（2）When was it first celebrated in America?

（3）What did Americans thank on Thanksgiving Day?

（4）Why did the Pilgrims hold Thanksgiving Day?

（5）Who were those Pilgrims? Why did they come to the United States?

（6）What happened to them when they settled down in the New World?

（7）When the Pilgrims found it difficult to make a living, what did Native Americans do?

（8）What would you do, if you were an Indian when you saw white Europeans come as strangers and take land away from you?

(9) Thanksgiving Day is an occasion for celebration for white Americans, but it is said to be a mourning day for most Native Americans. Why?

(10) When two culture encounters, what happens? Is cultural encounter doomed to clash?

(11) In this multicultural world, how can we improve our intercultural communications, and avoid conflicts of civilizations?

(12) Nowadays, what do Americans do on Thanksgiving Day? Has it changed its meanings? If so, what does it say to us? What lessons can we learn from it?

(13) What are the significance and implications of Thanksgiving Day?

(14) What should Thanksgiving Day be for, anyway?

例 2：

(1) Why do Americans hold political elections?

(2) Why should government be based on the consent of the governed?

(3) Why is government viewed as a necessary evil in western political philosophy?

(4) What are the key ideas about the principles of separation of powers and checks and balances?

(5) Why does the US have a limited government? Has it changed over the time?

(6) What are the negative and positive views of Americans about their government? What do they tell us?

(7) Why did Americans adopt federalism? How does it function?

(8) Is Lincoln's characterization of US government— "the government of the people, by the people, and for the people" —a myth or a reality?

(9) Why are Americans less trustful of their government now?

(10) Do Americans all enjoy democratic rights as asserted by the US Constitution? Why and/or why not?

D．教师理论修养：外语教师比较欠缺

(1) 人文学科知识（哲学、历史、文学、艺术等）

(2) 社会科学知识（社会学、政治学、经济学和心理学等）

(3) 文化研究理论

4. 文化、美国文化、思辨能力、好学好问

A. **文化**：我们不妨把文化理解成三个层面构成的统一体：第一层是它的"外壳"，即外在可见的存在和表现方式；第二层是它的机构制度形态，即支持"外壳"的制度机制，确保"外壳"的存在和运作；第三层是它的"内核"，即支撑制度机制的一套价值体系。此乃根本之根本。教学过程中，为了帮助学生学会"思"，我们要引领他们进入这个"内核"，了解和掌握代表美国文化的民族价值观。所谓既"知其然"又"知其所以然"。

B. **美国文化**：从本质上讲，美国文化就是美利坚民族精神。语言的背后是文化，文化的背后是价值观，价值观背后是一个民族的特性和精神。所以，在向学生传授美国文化知识性内容时，我们必须指出这些文化现象背后隐藏的美国民族性和民族精神（American national character and American mind），在让学生了解美国文化现象的同时，思考这个民族的文化特性以及支撑这种民族特性的价值观和精神。

C. **思辨能力**：思辨能力的关键在于"思考和辨析"。我们应力戒学生囫囵吞枣，照单全收，防止学生良莠不分，放弃质疑，鼓励和鞭策他们对相关知识进行筛选比较，帮助学生在筛选中做思考，在比较中做辨析，既不能想当然地接受一切（take everything for granted），也不能停留在表面理解（take everything at their face value），而是要批判地解读，深入地思考。简言之，"思辨能力"指的是（1）质疑和怀疑精神；（2）理性独立思考和判断能力。

D. **好学好问**：学好任何一门课程一定要有好学好问的精神。所谓"学问"就是既"学"又"问"，既"问"又"学"，以"学"带"问"，以"问"促"学"，边学边问，边问边学，这样才能做好"学问"。这里，学会"问"是做好"学问"的关键。作为教师，我们有责任引导和启发学生学会"问"。

5. 举例（宏观性解读）

美国是一个移民国，美利坚民族是一个多族裔构成的民族，并在此基础上形成了一个多元文化社会。

这一现象本身就提出了许多有趣、值得思考的问题：

（1）美国是一个移民国，但世界上还有不少移民国。为什么仅美国自称与众不同，肩负特殊使命？英语国家中的移民国，如加拿大、澳大利亚、

新西兰也是英国移民产生的国家，为什么仅移居美国的英国移民宣称自己是上帝的子民？

如果美国当年被法国或西班牙占领，成为法国或西班牙的殖民地，今天的美国会是怎样？换言之，如果美国殖民者为法国和西班牙天主教教徒，美国的发展和演进会是什么状态？

这就引出了“美国例外论”的假说。

（2）美国这么一个多族裔、多元文化的国家是如何应对多族裔、多元文化共存的？

A．美国创建以来是如何处理其种族问题的？

B．美国不同族裔群体之间是如何跨文化的？实现跨文化了没有？

C．跨文化过程中，不同文化出现了什么变化？主流文化与次/亚文化群体在跨文化过程中是平等相跨吗？

D．跨文化过程中，发生亚文化被主流文化收编并进而被同化吗？即所谓的“大熔炉”之说？

E．跨文化过程中出现了这种要被收编或同化的情况下，亚文化群体是如何应对文化认同的？是抵制反抗，导致美国许多族裔成功地生活在“大熔炉”以外，即所谓的Beyond the Melting-Pot，构成了“色拉拼盘”或“马赛克”式的社会？

这就引出了“合众为一论”假说和“一与众共存论”假说之争。

（这里的“合众为一论”英语为One out of Many，“一与众共存论”英语为One and Many。）

（3）美国这么一个多民族、多族裔、多元文化社会到底是她的“财富”（asset）还是她的“负担”（liability）？

迄今为止，“多民族、多族裔、多元文化社会”于美国而言总体上是个“财富”，但数十年之后，少数族裔人口成为多数，是否还是个asset就难以判断了。事实上，美国人已经对此存有戒心。一是看看她的移民政策，二是看她人口超过3亿大关之后的激烈反应；三是看过去20年里单元文化主义（monoculturalism/uniculturalism）与多元文化主义之争（multiculturalism）就一清二楚了。

这就引出了一个自初创时期起美国人就一直试图回答的命题：“这个地球上的新人类——美国人——到底是什么人？”

(In his *Letters from an American Farmer* (1782) Crevecoeur writes, in response to his own question, “What then is the American, this new man”)

（4）美国多民族、多族裔、多文化社会与全球化有什么启示与意义？

某种意义上，美国人作为一个“新人类”（this new man）自闯入北美大陆起就一直在进行着一种“试验”或称“实验”。从其在北美建立“山巅之城”到创建共和国制，从其西进扩张到实行民主制，从其19世纪末20世纪初的进步主义和20世纪30年代的“新政”及60年代的“新边疆”和“伟大社会”等，甚至包括过去30多年里多元文化主义理论研究和实践，都是美国人的“试验”/“实验”活动。

现在的问题是，美国的“自由”、“民主”、“平等”、“多元文化主义”对全球化会产生什么影响？他们的这些观念具有普遍意义吗？这些“试验/实验”对全球化过程中应对和解决种族冲突和跨文化有什么意义？

这就引出了普世主义价值观和文化相对主义的问题。

6. 举例（微观性解读）

例（1）：宗教自由

在谈到美国早期清教徒时，人们常常说“**他们远离家乡是为了追求宗教自由**”。作为英语专业知识传授，这是个“知识点”。

为了讲解这个知识点，可以从欧洲宗教改革、英国亨利八世一路讲开，直至讲到英国（新教徒）清教徒的故事，其中涉及他们受宗教镇压的故事。

于是，引出清教徒追求宗教自由，远渡重洋的叙述。

但清教徒是为了“追求宗教自由”吗？

答案是“是”又是“不是”。

“是”，是说清教徒在北美享受宗教自由。说“不是”，其他宗教信仰，包括新教徒中的教友派也不能享受宗教自由，如：（1）Anne Hutchinson；（2）Rogers Williams；（3）Quakers;（4）Catholics；（5）Jews；（6）Anglican Church。

需要指出的是：（1）北美享受宗教自由的程度高于其他同时代的地方，宗教多元情况更普遍；（2）北美殖民地政府后来都基本确立宗教自由；（3）美国在制定宪法时，确实把宗教信仰自由写进了“Bill of Rights”之中。

显然，这里的问题症结是：（1）什么样的“宗教自由？（2）这种“宗教自由”对谁是“自由”的，对谁是“不自由”的？（3）什么情况下可以是“自由的”，什么情况下不是？（4）要真正“自由”，必须具备什么条件？（5）宗教自由在美国经历了多长的演变过程？（6）在美国什么时候才基本解决了这个问题？（7）即使现在有宪法保障，美国宗教自由是绝对自由吗？

例（2）：阶级缺席

美国前总统小布什当年在清华大学演讲时说：

America basically is a classless society。

美国文化中，讲到美国“例外论”时，一个重要内容就是美国与欧洲不同，而其中最重要的一点是美国没有“封建社会”、没有由此产生的阶级等级制。

那么，美国真的如小布什所说的没有“阶级”吗？

美国当然有阶级。小布什智商再低也不至于否认美国阶级的存在，不然，为什么他执政期间要继续福利政策，帮助生活贫困阶级？不然，他为什么要推出“Leave No Child Behind”政策？不然，他的税收政策为什么照顾富人？美国去年发生的“占领华尔街”等群众运动提出“99% vs 1%”，更说明不仅阶级存在，而且阶级对立还相当尖锐。

那么，为什么小布什要“违反常识“说那些话呢？

这牵涉到（1）对阶级的理解；（2）美国的社会特征；（3）美国人的价值观。

（1）**对阶级的理解**：长期以来，欧洲人的“阶级”基本上是一个“固定不变”的概念和现实，至少一个人在其一辈子难以改变他的阶级属性；美国社会的人群当然处于不同的阶级/阶层，但这个“阶级/阶层”的界限首先是呈模糊状态，其次是不难跨越（至少很长时间如此），再次是意识形态淡化阶级观念。所以，美国可以说没有固定不变的“阶级”（林肯、克林顿、本杰明·富兰克林、洛克菲勒等）。人们可以在一代人时间内实现从“穷光蛋到大富豪”（from rags to riches）的梦想——此为“美国梦”之精髓，即所谓机会均等，向所有人开放。

（2）**美国的社会特征**：美国社会学家常把自己的社会特征用三个词来概括：motivation（动力）、mobility（流动）（包括 vertical/social mobility与horizontal/psychical mobility）、movement（运动），构成所谓的3M。这3个M解释了为什么“阶级”在美国更多的情况下是处于一种动态状态，而不是静止状态。相对于美国而言，欧洲这方面显然欠缺。美国人现在常说 The American Dream 变成 The American Nightmare，主要指的是这3个M越来越稀缺了，导致阶级和阶层逐渐固化。这更多的是一种不满、失望、失落，或者说危机意识，而不是现实。

（3）**美国人的价值观**：美国人的信仰基石是“人人生而平等”；他们反对特权，反对垄断，反对集权，反对因阶级、性别、种族、信仰的不同而造成的歧视和偏见。“上帝面前人人平等”和“法律面前人人平等”的思想根深蒂固。“公平竞争”、“任人唯贤”等思想深入人心。这些大家都熟悉，这里不展开叙述。

所以，回到布什总统的命题，答案显然也是“既对又不对”。

问题是：

（1）什么做参照物时，布什的话成立？什么情况下它不成立？

（2）如何定义和理解“阶级”这一概念？不同的定义和概念会带来不同的解释。

（3）如果说美国以前确实“阶级界线”不分明，跨越它不困难，现在还是如此吗？

（4）造成美国“阶级界限”模糊的历史、社会、文化原因何在？

（5）新经济（知识经济）、电子时代、教育普及会改变这种局面吗？

例（3）《美国独立宣言》中一句话：

We hold these truths to be self-evident, that all men are created equal, that they are endowed by their Creator with certain unalienable Rights, that among these are Life, Liberty and the pursuit of Happiness.

（1）all men are created equal

在当时的历史背景下，所谓的 all men 不包括 women, blacks, Indians, whites without property。

所谓 equal 仅是指 whites with property 是平等的。

这说明什么？美利坚缔造者的思想和阶级局限性。

但需要指出的是，这句话奠定了美国民主思想基础，构建了美国民主理想框架，为美国社会弱势群体，如女性和黑人后来争取平等权利提供了强大的政治思想武器和重要的道德支撑。

（2）They are endowed by their Creator with certain unalienable rights

长期以来，人们的权利被告知来自于国王或者教会；说权利来自 Creator，是一种“天赋人权”的诉求，是启蒙时代思想的表述，是人类自由的声张。

（3）...Rights, that among them are life, liberty and pursuit of happiness

这里，有关 life 和 liberty 权利的提法具有革命性意义；把 pursuit of happiness 看作为建国的目的和宗旨具有首创意义；但是，pursuit of happiness vs pursuit of property 却大有文章。

美国人人可以平等地追求幸福？如果问“你幸福吗？”，什么人群会说“幸福”，什么人群会说“不幸福”？“占领华尔街”、“占领华盛顿”等行动说明了什么？99% vs 1% 说明了什么？为什么美国人追求幸福越来越困难？美国社会出现了什么问题？美国人的“幸福”主要指什么？

（4）We hold all these truths to be self-evident

谁说 self-evident？那时有这种讲法吗？这种讲法对谁 self-evident? Self-evident 与否是谁说了算？美国国父这样讲有何依据？说明了什么？意义何在？

（5）美国《独立宣言》对黑人、女性和印第安人意味着什么？

（6）美国《独立宣言》对世界上其他争取独立的国家和民族意味着什么？

（7）美国《独立宣言》同其他重要政治文献被认为是美国的 civil religion？为什么？

7. 结语

（1）美国文化课程为培养学生提高思辨能力提供了良好有效的“素材”，因为美国文化本身是一个充满悖论、观念开放、百家争鸣的体系。

（2）传授美国文化知识时，必须引导学生多维度思考。教师可以通过正向、逆向、对立、假设等方式提出问题，启发和引导学生思考；也可以通过对比和比较方式提示和刺激学生思考；还可以通过缜密推理和辩证解读帮助学生思考。这里的关键是要提出有助于思考和值得思考的问题，藉此开阔思路、激活思想，引导学生“思”和“辨”。

（3）教师必须具备足够的专业知识储备，不然难以举一反三、由浅入深地开展智力游戏（intellectual game）；同时，教师必须不断提高自己的理论素养，如涉及美国文化的重要思想理论——清教主义、新教思想、共和主义思想、超验主义、平民主义（民粹主义）、进步主义、古典/现代自由主义、古典/现代保守主义、单元和多元文化主义等（且不论现代主义和后现代主义之类）。

（4）在开发和培养学生思辨能力方面，“文化研究”（cultural studies）和“西方文论”（literary studies）尤其值得向学生推荐。所谓“思辨能力”，英语就是 critical thinking。“文化研究”和“西方文化”提供了不少思想养料。如果可行的话，“文化研究”或“西方文论”课与“美国文化”课并行开设就更理想了。上外英语学院为本科生开设这类课程，效果不错。

（5）讲授旨在提高和培养学生思辨能力的课程，最终目的是激发他们思考，引导他们“切问”，培养他们的怀疑精神，鼓励和鞭策他们挑战既定说法，倡导他们追求自由思想精神。教师授课的主要目的不是传授知识，而是传授思考方式；不是向学生解释什么是对的什么是错的，而是把“对”、“错”交给他们，辅助和协助他们做出独立判断。换言之，我们不仅要激发他们对知识的兴趣和好奇，更要鼓励甚至鞭策他们去思考、分辨、辨析和判断知识的真伪，了解和掌握知识背后的思维方式和思想内容。这，笔者认为才是人文教育的真谛和目的。

思辨地理解思辨能力：“西方思想经典导读”课程与思辨能力的培养

王爱菊
武汉大学外语学院

摘要：“西方思想经典导读”这门课程旨在引导学生阅读西方重要思想家的经典著作，探讨西方文化史上主流价值观念的历史演变和内在连贯，所用的教材中很多选篇就是思辨能力的典范。在这门课程上，无论是理解和讨论这些选篇的逻辑与论证，还是探讨选篇与选篇之间在思想上的对话、交锋和辩难，都非常有助于提升学生在分析、综合、推理和评判等方面的思辨能力。本文结合该课程的教学实践对思辨能力本身进行反思，探讨什么是思辨，并着重探讨了三个思辨原则。认为思辨不是接受一切，也不是怀疑一切，而是健康的怀疑和客观的评价；思辨不是妄加评判，而是同情的理解；思辨不仅只是客观的思辨技巧，更是一种强烈的主体自觉和自律。

关键词：思辨能力；“西方思想经典导读”；健康的怀疑；同情的理解；主体的自觉

“思辨能力”这个概念的提出是20世纪之初的事情。美国教育家杜威在《我们如何思考》（1910）这部著作中较早提出了 critical thinking 这个概念，并且把它界定为“反思性思考”，其本质是悬置判断、保持健康的怀疑和开放的头脑。然而，思辨精神却始终贯穿于西方文化的长河之中。传统的西方文化非常注重精神思辨和批判意识，西方思想史的特点就是重视论证，体现出自由思想的气质，而且常常是后人的观点推翻前人，但彼此之间具有内在的逻辑统一性。“西方思想经典导读”这门课程旨在引导学生阅读西方重要思想家的经典著作，探讨西方文化史上主流价值观念的历史演变和内在连贯。教材里的绝大多数选篇本身已是思辨能力的典范，如柏拉图的《申辩篇》和笛卡尔的《谈谈方法》等等。阅读这些经典选篇，无疑是在与人类历史上最有思想与智慧的那一部分人群的思辨神交。因此，在这门课程的课堂上，无论是理解和讨论这些选篇的逻辑与论证，还是探讨选篇与选篇之间在思想上的对话、交锋和辩难，都非常有助于提升学生在分析、综合、推理和评判等方面的思辨能力。

自从2009年秋季起，武汉大学外语学院英文系开始在大四上学期开设“西方思想经典导读”这门课程，笔者一直担任主讲教师。这是一门选修课，每年选修这门课的大四学生虽不多，大约只有十几个人，但都对这门课程十分感兴趣。我们主要采取了一种研讨式的授课方法，学生讲解与老师点评补充相结合。学生分成几组，每组既要通读全文，也要负责讲解指定的篇章段落和解答老师预先给出的问题。在课前，学生们需要研读选篇，查阅资料，针对老师提出的问题给出自己的答案。这些问题或是相关于篇章的意义和结构的理解，或是相关于篇章在论据上是否完备，在论证上是否合理，是否具有缺陷和薄弱之处，有时还涉及到在同一个问题上不同思想家的不同理解。在课堂上，则以学生讲解篇章为主，老师适当做补充评论，并鼓励学生随时提问和大胆质疑。不过，这些具体的教学方法并不是本文的重点。本文将结合"西方思想经典导读"这门课程的讲授对思辨能力本身进行反思，探讨究竟什么是思辨以及应该培养学生获得什么样的思辨能力，以避免思辨的误区。

1. 思辨不是接受一切，也不是否定一切和怀疑一切，而是健康的怀疑和客观的评价

在讲授西方思想经典的过程中，笔者发现学生在上课初期一般会出现一种接受一切的倾向。这种倾向就是很容易崇拜那些伟大的思想家，容易把思想家们看作是权威而不敢怀疑他们，觉得他们说的都很有道理。即便是读到两种互相对立和矛盾的观点，也会觉得双方都很对。

为了纠正这一倾向，也为了培养学生大胆思辨的精神，笔者没有采取沿着时间的顺序从希腊罗马一直讲到近现代的常规做法，而是直截了当从启蒙运动开始，从康德的《什么是启蒙》开始，然后再折回到希腊罗马，并且在后来再次谈到启蒙运动时重温这个选篇。

为什么要选择从康德开始呢？主要有三个方面的原因。首先，康德以玄奥晦涩著称，若是一开始就去读他的三大批判，肯定会吓退学生。可是与康德的其他著作相比，《什么是启蒙》这个选篇内容相对简单平实，易于理解。如果引导学生慢慢阅读与思考，他们能够看懂，不会产生畏难情绪。其次，读完了康德，并且基本理解了他对于启蒙的实质的论证和分析，这非常有利于鼓舞学生的士气，振奋他们读懂其他思想家的选篇的信心。试想，如果连康德这个以深奥和难懂而著称的大思想家的作品都能理解，那么任何其他的经典就更难不倒我们了。更重要的是，康德的这个选篇始终在倡导着启蒙精神或者思辨精神。康德指出，"启蒙就是摆脱自我招致的不成熟状态"，并且提出了启蒙的口号"敢于去知道"，热情鼓励人们摆脱权威的束缚，大胆去运用自己的理性做出自己的判断。以康德的《什么是启蒙》作为本课程的第一课，可以启蒙学生大胆质疑的勇气，是开启

他们批判性思维的极好起点。

在受到这般启蒙和鼓舞之后，学生又容易出现另一种倾向，认为思辨就等于是做否定性的判断，他们很容易武断和草率地说：我不同意这个观点，以为说“不”最能体现自己的思辨和个性，有时候甚至为了说“不”而说“不”。说“不”自然是怀疑精神的体现，也是一种非常宝贵的品质，但是简单地说“不”却是肤浅的怀疑，而不是健康的怀疑。正如赵林（2008：16）所言，无论是对一种观点不假思索地接受，还是对一种观点简单地加以怀疑和否定，都体现出思维的片面性。只有把这两种对立的态度有机地、辩证地结合起来，才是最好的态度。

接下来，笔者想结合具体的实例来加以说明。“西方思想经典导读”在讲到浪漫派时，有一个选篇是华兹华斯的《抒情歌谣集》“序言”。该选篇中有一个非常有名的观点：“诗歌是强烈情感的自然流露”。英文专业的学生在学习英国文学时早已非常熟悉并且想当然地接受了这个观点。这种为学生所熟知并且毫不怀疑的观点，尤其适合用来进行思辨的训练与认识。

的确，华兹华斯的这个观点充分体现了浪漫派诗人对于情感的强调，以及对于18世纪新古典主义所提倡的理性的反动。可是，诗歌真的如华兹华斯而言只是情感的表达而与理性思考无关吗？华兹华斯的这个说法是否代表了他对于诗歌情感的全部认识？在对这个久已接受的观点产生疑问之后，同学们大都很兴奋，纷纷去寻找证据来证伪这个观点。他们在细读文本之后，发现华兹华斯在提出这个观点之后紧接着指出，“诗歌起源于平静中回忆起来的情感”，继而还认为，诗人沉思这种情感，直到某种反应使得平静逐渐消逝，就有一种与诗人所沉思的情感相似的情感逐渐发生。如此看来，诗歌并不纯粹关乎情感，还要经过平静的“沉思”。对于情感和理性之间的关系，华兹华斯似乎自相矛盾。怎么理解他的这种自相矛盾呢？同学们根据自己的初步判断，进一步查找资料，如苏文菁等学者关于华兹华斯诗歌的论文，逐步发现诗人原来不是一味强调情感或者以情抑理，而是在强调自我情感、打破新古典主义所强调的理性的同时，并没有完全抛弃理性，力图追求在情感和理性之间达到平衡。可以说，华兹华斯只是以这种简单的表达方式来强调情感对于诗歌的重要性，并非完全排斥理性，反而追求情与理的平衡。这样来理解华兹华斯的这个观点才是辩证客观的。

2. 思辨不是妄加评判，而是要同情的理解，在理解的基础上超越

我们若要评论或者批判思想家的观点，首先还得同情地理解他们，要理解每个思想家所处的精神氛围，并体会令他们苦恼的问题以及他们的解决办法，先理

解他们，再超越他们。要理解他们，我们可以让自己设身处地投入每一位思想家的背景之中，思考他们对问题的思考和解决办法。如果我们真正进入每一位思想家的世界，我们首先会发现他确实了不起。不过，每一个思想家都有自己的弱点和局限。在这种情况下，我们就要通过健康的怀疑来超越他们，从他们的世界里走出来。超越他们的最好办法莫过于阅读与他们对立的思想家或者他们的后继者的书，因为他们的弱点在那儿得到了充分的暴露和批判。

在讲到西方近代思想时，不可避免地会讲到英国思想家培根，讲到他的《新工具》。要理解培根，当然要回到他著书立说的时代背景中。培根为什么要写《新工具》？他要解决一个什么时代难题？他是否有破有立？他靠什么来破和立？学生带着这些问题去读原典，结合查阅资料，能够比较容易地找到这些问题的答案。在培根生活的16世纪末期和17世纪初期，西方思想家越来越怀疑和批判在中世纪盛行的亚里士多德主义和经院哲学，认为后者只是虚假玄奥的形而上学，并不是真正的清楚明白而且具有普遍性的知识。在《新工具》这部明显针对亚里士多德的《工具篇》的著作中，培根提出了经验归纳法，提倡通过搜集经验材料和观察实验来研究自然现象，并从中归纳出一般性的自然规律或知识，以便造福人类，此所谓"知识就是力量"。

不过，要彻底理解培根并在更高层次上超越他，应该拿他和比他稍晚的法国思想家笛卡尔进行比较和分析。培根和笛卡尔其实是花开两朵，各表一枝。他们有一个共同的出发点，即以经验对付中世纪的繁琐晦涩的经院哲学经验和怀疑。培根强调外部经验或实验观察；笛卡尔强调内部经验或自我反省。另外，他们都对前人或古人的学问和权威持有怀疑的态度。培根在《新工具》中批判了亚里士多德的权威，主张现代人不要让这个古人统治自己的意见。笛卡尔则运用普遍怀疑挑战一切现有的知识体系（包括上帝在内），并确立了"我思故我在"的第一原则。

虽然出发点一致，二者在理路方法上却截然对立。在阅读了培根的《新工具》和笛卡尔的《谈谈方法》之后，学生大概可以知道归纳法和演绎法这两种思维方法的区分和不同。例如，归纳法是从个别到一般，演绎法是从一般到个别。从本质上看，培根的归纳法是实验的方法；笛卡尔的演绎法是数学的方法。这是两种不同的认识论，甚至可以说代表着西欧内部两种不同的文化思想倾向。简单地说，英国人不喜欢形而上学，具有强调经验、注重事实的文化传统，擅长具体的器物制造发明，却在理论建构上或更具抽象性的艺术类别，如音乐上略逊一筹。与此相对，法国人乃至欧洲大陆的思想家更喜欢从抽象的概念出发，热衷于构建形而上的理论，一直到今天也是如此。

在此之外若有余力，还可以继续更深地追究下去，探讨培根和笛卡尔各自的理论困境和薄弱之处，以及后来的康德如何综合二者、超越二者并且实现了二者都没有实现的认识论目标。

3. 思辨不仅只是客观的思辨技巧，更是一种强烈的主体自觉和自律，是对与己不同的意见甚至截然对立的意见持有开放心态，是对自己的观点和立场可能有错误和偏差的一种自觉

国内学者（文秋芳等，2009；孙有中，2011）常常提到两类探讨思辨能力的模型，一是德尔菲项目组发布的双维结构模型，即认知能力和情感特质；二是由 Richard Paul 和 Linda Elder 建构的三元结构模型，即思维元素、标准和智力特征。无论是双维，还是三元，都包括两个方面：具体的认知和思维技能，以及一套包括独立、谦逊等品质在内的价值观。认知、推理和判断这些具体的思维元素或技能当然很重要，有了这些技能，我们就能够富于条理地组织内容和陈述观点，还能迅速地洞察某种观点或思潮的要点和论证，并且做出自己的判断。不过，这些技能并不是思辨能力培养目标的全部，与之同等重要但却很容易遭到忽略的是培养学生养成一种对不同意见坦然和开放的思维习惯，一种时常自省自己的观点可能会存在错误和偏见的素养。或许同行们都有这样的感受，在上课讨论时，大多数学生虽然愿意提出或表达相反的意见，却不能以坦然的心态对待他人的不同意见，下意识地认为不同意见就意味着负面的批评，所以常常模棱两可地回避针对自己的不同意见，或者一听到不同想法就本能地、盲目地进行自我辩解。与培养分析与判断等思辨技能相比，培养学生的这种思维习惯和思辨素养或许是隐性、更高，因而也更难以达到的目标。

在“西方思想经典导读”这门课程中，除了围绕教材训练学生在分类、识别、推论、阐述、评价等这类技巧或技能之外，我们还时常探讨选篇中自苏格拉底起便开始的 address the opposition 或者尊重不同意见的传统，以此来引导学生注意自己对待不同意见的情感态度，并且培养他们的自省意识。苏格拉底本人不失为一个绝好的范例。苏格拉底说“自知其无知”，认为自己其实很无知，即便德尔菲的阿波罗神庙的神谕说他是最有智慧的人，他也要考查一下是否如此。在和很多人谈话之后，他发现，他和其他人一样，并没有什么智慧，只是有一点不同，即他们以为自己有智慧，而他却知道自己是无知的，也正是在这一点上他比他们强，比他们更有智慧。原来，像他这样知道自己是无知的，这就是有智慧。中世纪向来被认为是黑暗的、专制的时代（虽然现在国内外学界对此的看法已有所改变），但是中世纪大学的师生们在教学课业中不仅要讨论正题，还要针对反题予以反驳。托马斯·阿奎那在《神学大全》中常常

在论证了自己的观点之后提到反对的意见。英国近代思想家洛克在其著作中也不忘列举他所设想的人们会提出的各种异议，然后一一进行回应。这些生动的范例能够逐渐帮助学生养成开放的心态，以及在遇到异议时保持冷静分析的自觉态度。

Linda Elder 曾经说过：思辨是自我引导、自我约束的思考……思辨者应该意识到无论他们的思想能力有多强，他们仍然要完善自己的推理能力，仍然会受到推理错误、非理性、偏见等等的干扰。或许，只有培养出这样一种具有思辨的自觉和自律的人，思辨能力的培养才是完整的。

4. 结语

康德说，我们不是处于启蒙了的时代，而是处于启蒙运动的时代。他的意思是说，启蒙是无止境的。与此相似的是，Michael Scriven 和 Richard Paul 说：没有人是彻彻底底的思辨者，人人都只是某种程度上的思辨者。这就是说，思辨也是无止境的。无论是作为老师的我们，还是作为学生的他们，都是这条漫漫长路的旅行者和探索者，都可以在启蒙和思辨中不断成长。

参考文献

Dewey, J. 1910. *How We Think* [M]. Boston, New York and Chicago: D. C. Heath.

Elder, Linda. http://www.criticalthinking.org/pages/defining-critical-thinking/410（2013年10月20日读取）.

Scriven, M. & Paul, R. http://www.criticalthinking.org/pages/defining-critical-thinking/410（2013年10月20日读取）.

孙有中，2011，突出思辨能力培养，将英语专业教学改革引向深入 [J]，《中国外语》(3)：49-58。

文秋芳等，2009，构建我国外语类大学生思辨能力量具的理论框架 [J]，《外语界》(1)：37-43。

赵林，2008，《西方哲学史讲演录》[M]。北京：高等教育出版社。

在跨文化对比中培养思辨能力
——以"中西文明对比"的课程实践为例

伊 蕊
北京外国语大学英语学院

摘要：思辨能力和跨文化交际能力培养是目前高等院校英语专业教学改革的重要方向和指导思想，二者相得益彰，以比较的视角构建跨文化意识是培养思辨能力的重要方式。"中西文明对比"是北外英语学院在国内英语专业较早开设的文化比较类专业课，这门课很好地体现了以跨文化比较的方式培养学生思辨能力的教学理念。本文通过分析此课程中几个成功的教学案例，并结合学生的课程反馈，从课程内容、材料选择、课程设计、课堂活动等几个方面，探讨了该课程是如何通过跨文化比较的方式培养学生的思辨能力的。

关键词：思辨能力；跨文化意识；专业课程改革；对比

1. 导言

在当前的英语专业教学改革中，思辨能力和跨文化交际能力培养被很多学者视为改革的重要内容和方向。2000年版的《高等学校英语专业英语教学大纲》明确地提到应培养学生"独立思考的能力和创新的能力"，并同时指出，"培养学生'跨文化交际能力'，除了强调培养学生运用语言的准确性外，还要培养他们对文化差异的敏感性、宽容性和处理文化差异的灵活性，以适应日益广泛的国际交流的需要"[1]。孙有中和金利民（2010: 303-305）认为英语专业的学生应具备"扎实的英语语言功底、系统的英语专业知识、深厚的人文素养、出色的思辨能力和跨文化交际能力"。两种能力不仅是英语专业学生培养的重要目标，二者自身也具有一种相得益彰、互为补充的关系。具备良好的跨文化意识和跨文化交际能力是培养思辨能力的重要方面，思辨能力培养贯穿于整个跨文化交际能力的培养过程中。

1 高等学校外语专业教学指导委员会英语编写组，《高等学校英语专业英语教学大纲》。北京：外语教学与研究出版社，2000。

2. 思辨能力培养与跨文化对比

对于什么是思辨能力，国内外很多学者提出了自己的定义，并尝试构建思辨能力的测量维度模型。Peter Facione 等（1990）在“特尔斐”项目（The Delphi Project）中构建了思辨能力的双重结构模型，将思辨能力分为认知能力（阐释、分析、评价、推理、解释和自我调节）和情感特质（好奇、灵活、自信、开放、公正、诚实、理解等）两个维度。Paul 和 Aulder（2006）在此基础上将其扩展为三元结构模型，包括思维元素（目的、问题、信息、概念、假设、视角、推理、启示）、标准（清晰性、准确性、相关性、逻辑性、精确性、重要性、完整性、理据性、广度和深度）和智力特征（谦恭、独立、正直、勇敢、坚持不懈、自信、富有同情心、公正无私）。国内学者继续将此深入，林崇德（2006: 35-42）从思维心理学的角度，构建了思维的三棱结构模型，将思维分为六大成分：思维的目的、思维的过程、思维的材料、思维的品质、思维的自我监控和思维的非认知因素。文秋芳等（2009: 37-43）在综合上述结构的基础上提出了层级模型，将思辨能力的测量维度分为“元思辨能力”和“思辨能力”两个层级：第一层级的“元思辨能力”指“自我调控能力”，第二层级的“思辨能力”包括认知能力，即技能（分析、推理、评价）、标准（清晰性、相关性、逻辑性、深刻性、灵活性）以及情感特质（好奇、开放、自信、正直、坚毅）。

中外学者对跨文化能力的定义也多有论述，较为权威的是英国学者 Michael Byram 在其出版的 *Teaching and Assessing Intercultural Communicative Competence* 一书中提出的跨文化交际能力模型（1997: 47-54）。他将跨文化交际能力分为语言能力、社会语言能力、语篇能力和跨文化能力四大子能力。其中，跨文化能力包括以下四大部分：态度/知识（Attitude/Knowledge）、解释与关联技能（Interpreting/Relating Skills）、发现与互动技能（Discovery/Interaction Skills）和批判性文化意识（Critical Cultural Awareness）。其中：

“态度”意指“好奇心和开放性，悬置种族中心主义判断的意愿”；

“知识”意指“跨文化交际过程中交际者应该具备和运用的本民族和异民族的知识”；

“解释与关联的技能”意指“解释异文化中的文本和事件，并将其与本文化相关文本、事件相关联对照的能力”，其详细解释是“能够识别种族中心主义，发现交往中存在的误解，调和交往中的不同意见”；

“发现和互动技能”意指“在异文化中获取新知识以及在实际的跨文化交际中运用这些知识、态度和技能的能力”；

“批判性文化意识”意指“进行批判性评价的能力，以及在本民族、本文化的视角、实践和文化产品的基础上进行评价的能力”。其详细解释是“能够识别和解释本文化和异文化的文本和事件中所包含的隐形和显性价值观”、“用某种视角和标准对文本和事件进行分析评价”以及“在跨文化交际中以相应标准进行互动和协调的能力，通过掌握异文化的知识、态度和技能达到一定程度的包容”（Byram, 1997: 47-54）。简言之，核心理念是用一种理性、客观的态度对本/异文化进行评判。

从上述理论回顾来看，跨文化能力与思辨能力多有重合之处。跨文化能力中“态度”所要求的对异域文化所秉持的好奇心、开放性、包容度、悬置种族中心主义判断意愿等正是思辨能力中情感特质的要求。跨文化能力中“解释与关联技能”、“发现与互动技能”与思辨能力中的阐释、分析、评价、推理、解释和自我调节等认知技能是相通的。在跨文化研究中，文化对比的视角和教学方式可以将两者很好地结合起来。对比本身即是“解释与关联”、“发现与互动”，需要的正是“批判性的文化意识”和“好奇”、“开放”的态度。要想达到批判性的文化意识，在文化对比的过程中，就需要运用上述思辨能力中的各项认知能力、思维标准和情感特质。在“中西文明对比”课程的学习过程中，在各个层面上对中西文化的异同进行对比研究既是本课程的主要内容，同时也为培养学生思辨能力搭建了一个绝好平台。

3. “中西文明对比”的课程实践

“中西文明对比”（Western Civilization with Chinese Comparisons）是北京外国语大学英语学院自2005年起在英语专业开设的文化比较类专业课程，采取全英文授课形式[1]。作为一门开创性课程，由于没有太多前人经验可以借鉴，我们在设计时本着摸着石头过河的精神，在实践中不断完善和修正，努力尝试在课程中贯彻培养学生的思辨能力。

在专业课程中培养学生的思辨能力，其模式和方法与英语技能课有很大不同。思辨能力的培养需要与专业课的授课内容紧密、有机地结合，并在这门课中贯穿始终。中西文明博大精深，涉及方方面面，对其进行比较，似乎是一个过于宏大的题目。因此，在授课内容上，我们主要采取聚焦中西文明中的核心思想和概念的方式，贯彻比较的视角，选择以点带面、管中窥豹的授课理念，

1 北外英语学院在近几年的教学改革中尝试逐步增加内容型专业课程的比重，相应减少技能型课程。在本科阶段开设《中西文明对比》这门专业通选课即是此种举措之一。目前在外语类专业院校中，用英文开设中西文明比较课程的很少，北外属于较早尝试的。在此之前，只有辜正坤教授在北大用中文开设的一门《中西文化比较》课程。本论文即是笔者对五年来教学实践的提炼总结。

比照中西思想、思维模式和价值观的主要异同点。在纵向上以历史、宏观的眼光探寻中西思想发展脉络；在横向上以中西文明相映衬，寻找基本异同点。思辨的对象是思想，对中西文明中核心思想的深度理解、分析、总结、归纳、比较和评析，透视其中的根本异同，既是本课程的主要教学内容，也是对学生思辨能力的培养过程。

教师的课堂设计本身也贯穿思辨的理念。首先，力图在课堂设计上体现出授课教师的创造性。教师通过精心遴选、组合中西文化中具有不同观点的经典作品，选择具有强烈对比效果的文化现象和中西思想，使材料本身即产生对比，达到冲击学生思想，激发他们思辨地看待问题的目的。其次，课堂设计的思辨性还体现在课堂活动的设计上。在授课形式上，教师以讲座为主，辅以苏格拉底式的思想讨论和学生的课堂小组展示。思想讨论是培养学生思辨地看待中西文化异同点的重要环节，教师可通过层层深入的提问引导学生的思维向纵深发展。在学习能力的评估上，本课程主要采取形成性评估，综合考虑学生的小组展示、课堂表现和最后学期论文的质量。

为了了解学生对本课程的感受，教师对选课学生进行了问卷调查。问卷收集于2013学年，有效问卷57份，为当时选修此课程的英语学院本科生。问卷列举了该课程学习过程中的10余个主要教学案例（其中包括下文中提到的案例），要求学生在他们认为启发心智的案例旁边打钩，并对每个案例进行自由评论。下面笔者将结合具体教学案例和学生问卷反馈，从课程内容、材料选择、课程设计、课堂活动几个方面来分析这门课程是如何通过跨文化比较培养学生的思辨能力的。以下是对学生评价最高的几个案例的分析。

4. 案例分析

4.1 教学案例 1：世界地图展示“种族中心主义”

此案例的亮点在授课材料的选择上，教师有目的地选择与学生原有思想和文化经验形成巨大反差的材料，以强烈的对比效果引发深层思考。

此案例应用于课程第一讲的介绍部分，为了向学生展示世界各地的人们都倾向于认为本民族的文化是最优秀的，并将自己的国家看作是世界的中心，授课教师收集了几个主要国家的世界地图展示给学生。大部分学生没有见过其他国家的世界地图，他们想当然地认为世界地图只有一个，那就是高中时挂在教室墙上的那幅中国绘制的世界地图。为了开拓学生的视野，使学生对种族中心主义有一个更直观的认识，教师分别向学生展示了中国、西欧、美国、澳大利亚、新西兰等国绘制的世界地图。由于各自的出发点不同，这些地图所描绘的世界呈现出完全不同的形态。在这些地图上，每个国家都在有意无意中将自己放到地图的中心或偏中心的位置上（Blair & McCormack, 2010: 5-11）。

对于第一次看到这些地图的中国学生来说，它们具有震撼式的冲击效果。学生们没有想到世界还可以呈现成这样的形态，其他国家绘制的世界地图完全出乎他们的意料，极大地颠覆了他们头脑中原有的文化经验。教师每翻一张地图，都可以听到学生们的惊呼声，尤其是翻到澳大利亚和新西兰的地图时，惊呼声最高，因为这两张地图对看惯了中国地图的学生来说最具颠覆性。澳大利亚的世界地图将南半球放到了地图的上方，澳大利亚当仁不让地处在地图上半部最显眼的中间位置；新西兰的世界地图则是以南极洲为原点向四面俯瞰的，在这样的视角下新西兰自然成了地图的中心。每看一张地图，教室里都会先有几秒种安静的时间，因为差异所产生的视觉冲击，学生们需要在头脑中快速地反应并在新的背景下识别各个国家，然后便会听到学生恍然大悟的惊呼声、窃窃私语声和兴奋的讨论声。教师可以明显感到大部分学生在短短几分钟时间里经历了学习上的顿悟时刻（learning moment），思想受到了某种程度的启蒙。不同国家的世界地图拓展了他们的眼界，启蒙了他们的思想，成功地使他们意识到“种族中心主义”无处不在，他们自己也有，而且通常意识不到。

在学生的反馈中，30%的学生认为此教学案例很好地揭示了种族中心主义，以一种非常形象的方式使他们认识到处于每种文化里的人们都倾向于将自己视为世界的中心；15.7%的学生说这些世界地图为他们看待问题提供了一种全新的视角；10.5%的学生认为此案例非常具有启发性，使他们得到了一种思维的启蒙；28%的学生用“有意思”来形容他们学习此案例的感受；10.5%的学生用“新鲜”形容。此外，学生评论还包括以下用词：“富含信息”、“有帮助”、“有启发性”、“印象深刻”、“引发思考”、“具有强烈的视觉冲击效果”等。下面是一些颇具代表性的学生评论：

“给人留下深刻印象！这些地图非常生动地演绎了种族中心主义！老师的讲解使我深受启发。”

“它们使我感到震惊。这是我第一次知道不同的国家用的是不同的世界地图。我一直认为我们地理课上用的世界地图是全世界通用的。”

“非常有启发性。我虽然知道不同国家用的是不同的世界地图，但是我从未想到澳大利亚和新西兰的世界地图是“倒过来”的（upside down）。”

“非常发人深省，这是我在上这个课之前闻所未闻的。这使我开阔了眼界、拓展了思维。”

“视角的转换启发了我的心智，使我不再囿于原来视野的局限。我开始对自我持一种更加‘客观’的认识。”

在此案例中，如果教师只是泛泛地讲解种族中心主义，学生不过是接触到一个抽象的跨文化研究概念，并不会留下太多印象，但是以强烈的对比形式将不同国家的世界地图展示给学生，效果就大不相同。此案例的设计独具匠心，富有创造性。可见，思辨能力的培养不只贯彻在授课过程中，思辨的视角首先应该体现在教师的课程设计和材料选择上。在课程的开篇，以具有强烈对比效果的文化材料让学生意识到种族中心主义，是在文化研究类课程中培养思辨能力的前提。思辨能力要求学生对异域文化以好奇、公正、客观、独立、包容等情感特质看待异域文化，悬置种族中心主义，建立开放、包容的“批判性跨文化意识”。具有强烈对比效果并从现实取材的教学素材很好地达到了这个目的，教师在课堂上的启发引导进一步活跃了学生的思维。

4.2 教学案例 2：两版奥运会开幕式的对比

在授课材料选取和课程设计过程中，还要注意关照现实，将经典文本与时事相结合，创造性地引入与主题密切相关的当下政治、文化现象，以激发学生的思辨能力。此材料同样应用于开篇第一讲，授课主旨是向学生讲解进行中西文化比较的必要性。其时是在2008年秋季学期，奥运会刚刚举办完，几乎所有中国人都在家里观看了CCTV拍摄的奥运会开幕式，授课教师创造性地选取了BBC拍摄的开幕式视频作为授课材料，将之与学生记忆中的CCTV版开幕式进行比较。

BBC拍摄的开幕式节奏紧凑、具有很强的视觉震撼力。其导入部分充满了具有代表性的中国文化符号。片子以中国古典名著《西游记》中的三个人物悟空、八戒、沙僧将奥运圣火从西方引回北京开篇，他们三人的形象并非如我们熟知的样子，在西方媒体的重塑下，变成了十分怪异的样子。我们可以听到这样的画外评论：“这是中国在对世界说，我们来了，我们是21世纪的世界强国。我们能举办历史上最好的奥运会。他们花了400亿美元举办奥运，绝对不能出差错。现在我们马上就要看到一场非常盛大、非常好看的开幕式”（BBC Sport，2008）。除了把北京奥运会与中国崛起相联之外，学生还会听到BBC评论员提到北京的大气污染、在圣火传递中抢夺火炬的事件、举办奥运会的巨额花费等负面评论。这些评论与学生的原有经验——中国CCTV开幕式的报道记忆形成了一个巨大的反差。对大部分中国学生来说，奥运会是与民族自豪感、民族崛起、中国文化的呈现、开幕式的核心主题和谐等概念相联系的，强烈的对比给学生带来很大的冲击。

看完视频后，课堂展开了自由的思想讨论。教师要求学生回答以下问题：

1）中国政府试图通过开幕式向世界传递什么信息？（识别、归类、总结）

2）这些信息是否成功传递出去？（评价）

3）西方媒体是怎样阐释这些信息的？（阐述、分析）

4）他们又是以怎样的角度报道中国的？（阐述、分析、总结）

5）对于同一个开幕式，中西媒体的呈现为何如此不同？（分析、探究）

6）这背后的深层次原因是什么？（分析、探究、论证）[1]

这些苏格拉底式的启发性问题层层深入，有助于引发学生思考，引导他们透过现象探寻问题本质。学生经过热烈讨论，最后得出结论：即使就同一个文化现象，因为所处文化和政治立场不同，其所见亦有不同。奥运会远非仅仅是一场体育赛事，而是被政治化的文化现象。因此，文化与现实密切相联，进行文化比较是非常必要的。

在学生反馈中，77%的学生对此教学案例的教学效果持肯定态度[2]。其中，26.3%的学生认为此案例为他们看待文化现象提供了非常不一样的视角。17.5%的学生认为此教学材料很有意思，其他的评论词还包括“印象深刻”、“受益”、“有启发性”等。下面是一些学生的评论：

“BBC版的北京奥运会开幕式给我提供了一个完全不同的视角。我们只是赞扬我们的开幕式有多么精彩，但是他们却提出了一些我以前从未认真考虑过的问题，比如环境污染。”

“它为我们看待开幕式提供了一个新的视角，外国人是怎么看待它的，可以发现，我们希望他们看到的和他们真正看到的之间存在很大差距。”

思辨能力，在很大程度上，是多角度、批判性地思考问题，是思考的多元性和包容性。对比不同文化对同一事件的不同诠释，可以帮助学生跳出自身文化常规的思维模式，了解异域文化的思维视角，从而对文化现象有更加深入、更加多元的认识，加深学生对两种文化的理解深度。

1 括号中所列为各个问题所对应培养的思辨能力，参考前面所列思辨能力测量模型，后面几个案例中问题后面括号中内容相同。

2 23% 持否定态度的学生给出的原因主要是曾经在其他课上看过此录像，因为授课教师将此材料共享给了部分其他老师。

4.3 教学案例3：旧约《创世纪》文本及其对比

对比不只发生在跨文化的过程中，也可发生在同一文化内部不同时期的思想比较中。为了鼓励学生的独立思考能力，授课教师还采取了细评中西文明中的早期经典文本的课堂设计。首先，只给予学生最初的经典文本，不加以任何其他辅助材料，目的是鼓励学生就这个问题形成自己独立的看法，避免受到其他思想家的影响，使他们敢于对经典思想产生自己的评论、看法、质疑，然后再以后续历史中就同一主题延伸出来的各种思想流派辅助比照，拓展思维空间，提升思维高度。

在此案例中，教师让学生自由评论的是旧约《创世纪》第二、三章上帝创造亚当与夏娃，二人偷吃禁果，被逐出伊甸园的故事（Blair & McCormack, 2010: 120-124）。教师要求学生在阅读文本后，细致分析文本话语中的各种象征和隐喻，如亚当与夏娃的关系、禁果的寓意、原罪的含义等，让学生就自己的阅读感受对文本的细节和含义进行分析评判。作为从小在中国文化中长大的学生来说，他们中大部分人都没有宗教信仰，因此对基督教有一种好奇和不解，正是这种对异域文化的“好奇心”促使他们对文本进行深入剖析和评判。在课堂讨论环节，学生对《创世纪》故事的很多细节展开了讨论。很多学生对文本中反映的亚当与夏娃的关系进行了深入探讨，认为夏娃由亚当的肋骨而来的细节反映了基督教文明在根源上对女性身份的歧视，从《圣经》开始，女性就被规定是从属于男性的。还有学生指出，他在阅读文本时感到：“上帝好像很害怕亚当和夏娃偷吃禁果，上帝对这件事情似乎有一种恐惧。”教师随即根据他们的感悟继续提问，如：

1）从哪些细节你可以看出上帝害怕人类偷吃禁果？可否给予文本支持？（阐释、论证）

2）如果此结论成立，可否思考上帝为何恐惧？（推理、探究）

3）禁果到底代表什么？（分析、探究）

4）“原罪”的概念对西方文明产生了什么样的影响？为何会有此概念？（分析、评价）

5）在《创世纪》中，上帝和人呈现一种什么关系？这反映了基督教的什么思想？（分析、评价）

6）这种关系对西方文化产生了什么影响？（评价）

7）《创世纪》中关于人类起源的故事与中国文化有哪些主要不同？（对比、分析）

在学生们最大限度地运用比较、想象、分析、推理、逻辑等一系列思辨方法来阐释这个文本之后，教师随后朗读了两篇文章——圣·奥古斯丁的《原罪，有缺陷的人的本质》（Blair & McCormack, 2010: 130-133）以及尼采《反基督徒》

中的相关章节（尼采，2012：240-241）。奥古斯丁是维护基督教神学的；尼采则宣称上帝死了。其中，尼采的文本正是针对《创世纪》中伊甸园故事所做的阐释，与学生刚才的讨论主题完全一致，并且他在故事的每一个细节和寓意上都给出了自己独到的颠覆性看法。例如，学生可以听到尼采这样的阐释："年老的上帝……在他的花园里悠然散步：然而他无聊了。诸神诚然徒劳地抵抗着无聊。他做什么呢？他造人，——人是可以解闷的……可是看呀，人也无聊了……于是上帝造了女人 ……人经由女人才学会品尝知识树。——发生了什么事？一种致命的恐惧攫住了年老的上帝。人本身变成了他的最大失误，他给自己造了一个对手，科学有与神相似之效……科学是头等罪恶，众恶之源，原罪。唯有这是道德。——'你当无知'：其余的皆由此推出"（尼采，2012：240-241）。在学生经过充分讨论，思想已经穷尽之时，听到文明史上其他哲人在一个很高的思想境界上对同一文本的议论，有茅塞顿开之感，从而开阔了眼界，拓展了思维维度。

在学生反馈中，36.8%的学生将此案例勾选为启发心智的案例。很多学生表达了让他们对原始文本进行独立解读和独立思考的欢迎。学生写道：

> "让学生说出对这个文本自己的理解和看法是学习这个文本的一种很好、也很有趣的方式。"

有的学生表达了对文本中两性关系的看法：

> "它使我认识到上帝眼中男人和女人的位置，女人是男人的肋骨造就的。"

还有的学生表达了自己的思考：

> "上帝造人和对待人的方式促使我思考上帝到底是一个什么样的神，同时也促使我进一步思考上帝和人是一种什么样的关系。"

思辨能力中很重要的智力特征是"独立、公正"，而独立地进行思考，敢于分析、质疑权威和经典，这些都是思辨能力的重要部分。此案例即以这些思辨能力的培养为教学目的。

4.4 教学案例 4：柏拉图的"洞穴比喻"及其对比

此教学案例的设计理念是聚焦西方文明中的核心思想，在课堂上进行深入讲解和讨论，引导学生将之与中国文化中的相关思想进行对比思考。柏拉图的"洞穴比喻”是西方早期文化的经典思想，它深刻地影响了自柏拉图以后西方哲学的走向，对它的深入学习可以帮助学生在根源上理解西方哲学思想。由于“洞穴比喻”暗示现象与本质、物质与精神二元对立的世界观以及西方哲学中对绝对真理的追求，这与强调“整体性”认识论的中国哲学形成思维方式上的巨大差异，也是认识中西方不同思维方式的一个重要部分。

柏拉图的“洞穴比喻”大意是这样的：有一群囚徒从出生起即被捆绑着坐在一个山洞里，头颈和腿脚不能转动，他们的面前是一堵墙，这群囚徒后面高处燃烧着一堆篝火，在篝火和囚徒之间是一堵矮墙。另有一群人拿着各种器物举过墙头，从墙后面走过。在篝火的映衬下，那些被举的器物的影子投射到墙上。这群囚徒终其一生看到的就是那些被举器物在墙上的影像，但是他们以为这就是实物。假设如果其中一个捆绑着的人被解放出来，可以转动颈项，他将看到篝火和那群人举的器物，并且意识到原来他们看到的并非真实的事物，而只是事物的影像。如果他继续从通道向上走，走出山洞，他还将发现，原来他终其一生都生活在黑暗中，太阳才是世界万物之源（柏拉图，2003：275-278）。

柏拉图的“洞穴比喻”充满了象征和寓意，它本身描述的就是一个思想启蒙的过程，非常启迪人的心智。对于头一次接触“洞穴比喻”的学生来说，它具有启蒙思想的作用。在课堂讨论中，教师要求学生回答以下问题：

1）“洞穴比喻”的哪些部分具有象征和寓意，它们分别象征和隐喻什么？（识别、理解、归纳、分析）

2）“洞穴比喻”反映了柏拉图什么样的哲学理念？它表达了什么样的哲学思想？（抽象、归纳）

3）在阅读过程中，你的思想受到哪些启发？（阐述、自省）

4）你怎样看待柏拉图的“洞穴比喻”？赞同还是反对？为什么？（评价、独立思考）

5）“洞穴比喻”对后世的西方哲学思想产生了怎样的深远影响？你怎么看待这种影响？（分析、论证、评价）

6）将柏拉图“洞穴比喻”中的思想与中国的哲学思想相比较，有什么异同？这种异同对后世有什么影响？（对比、评价）

学生对上述问题进行了深入讨论，将柏拉图的哲学思想与中国主流哲学思想和注重“整体观”的思维模式进行了比照。此外，“洞穴比喻”还激发他们联想到中国的历史和现实中与之具有的相关性，表现出思维的发散性和开阔性。有学生提到，柏拉图的“洞穴比喻”让他联想到鲁迅在《呐喊》自序中所讲的“铁屋子”。那些被绑在椅子上终生未曾出洞的人，就像鲁迅所讲的铁屋子里面“许多熟睡的人们”（鲁迅，2011：4-6），他们并不知道自己是在黑暗中生存，不久就要闷死了，而那些被大嚷惊醒了的少数人，就如同“洞穴比喻”里被松了绑走出洞穴看到太阳而被启蒙的人。学生继续讲，问题是当这些被惊醒的少数人将真相告诉他们沉睡的同胞时，他们的反应会像“洞穴比喻”里那些被捆绑着的人一样，认为这说话的人是疯子而把他杀掉。学生的发言体现了一个完整的文化类比的思维过程。

在这个案例的学习过程中，很多学生感觉自己的思想被打开了，他们认为最大的收获是认识到质疑在思考中的重要性。在学生反馈中，有学生写道：

> “我觉得这个案例非常有意思，也非常启发心智。从‘洞穴比喻’中我认识到，我应该质疑我所看到的东西，而且要牢记所有的事情都需要得到验证才可相信。”

还有学生写到：

> “我们所看到的未必是真实的，因为它有可能只是事物的影子。我们应该知道要想得到真理，我们就不能轻率地相信我们的所见所闻。”

5. 结语

本文通过四个案例介绍了北京外国语大学英语学院教师在课程改革中如何以“中西文明对比”专业选修课为平台，培养学生的思辨能力。这四个案例全部贯彻了文化比较的视角。首先，选取具有强烈对比效果的文化现象或中西思想为授课材料，使授课内容具有很大启发性和思辨性，注重启蒙学生的思想；其次，教师在课上以苏格拉底式的思想讨论为互动形式，设计一系列具有挑战性的问题，激发学生运用思辨技能将问题的思考引向深入；最后，学生的反馈在很大程度上说明他们确实在文化比较中开阔了思维，启蒙了心智。笔者认为，思辨能力培养的核心在于思想的启蒙。在人类文明发展的历史长河中，任何新思想都是在质疑原有思想体系、突破原有思维模式束缚的基础上诞生的，人类文明由此得以不断发展提高。在文化研究中，思想的启蒙很大程度上需要跳出自己文化的局囿才能实现。只有将本民族文化与异域文化相比照，学生才能更加深刻地认识和鉴赏两种文化的异同。“不识庐山真面目，只缘身在此山中。”对于从小在中国文化的浸润中长大的学生而言，与西方文化的对照研究可以使他们以一种“庐山外”的视角反观、反思自己的文化，以更客观、更开阔的视野看待中西文化。总之，在文化对比课程中培养学生的思辨能力，同时也是一个人文意义上的思想启蒙过程，是跳出原有固定思维模式，使思维更加多元、更加深刻、更具包容性、更具反思精神的过程。

参考文献

BBC Sport. *Olympics, Beijing 2008, Opening Ceremony*, [OL] http://www.bbc.co.uk/programmes/b00cpf8p (accessed 01/09/2008).

Blair John G. & McCormack Jerusha Hull (eds.). 2010. *Western Civilization with Chinese Comparisons* [C]. 3rd Edition. Shanghai: Fudan University Press.

Byram, M. 1997. *Teaching and Assessing Intercultural Communicative Competence* [M]. New York: Multilingual Matters. 47-54.

Facione, P. A. 1990. *Critical Thinking: A Statement of Expert Consensus for Purposes of Educational Assessment and Instruction (The Delphi Report Executive Summary)* [M]. Millbrae: The California Academic Press.

Paul, R. & L. Elder. 2006. *Critical Thinking: Learn the Tools the Best Thinkers Use* [M]. New Jersey: Pearson Prentice Hall.

柏拉图，2012,《理想国》[M]。郭斌和、张竹明(译)。北京：商务印书馆。275-278。

高等学校外语专业教学指导委员会英语组，2000，《高等学校英语专业英语教学大纲 》[M]。北京：外语教学与研究出版社。

林崇德，2006，思维心理学研究的几点回顾 [J]。《北京师范大学学报》(社会科学版)(5)：35-42。

鲁迅，2011，《呐喊》[M]。北京：人民大学出版社。4-6。

尼采，2012，《尼采读本》[M]，周国平(译)。北京：作家出版社。240-241。

孙有中、金利民，2010，英语专业的专业知识课程设置改革初探 [J]。《外语教学与研究》(4)：303-305。

文秋芳等，2009，构建我国外语类大学生思维能力量具的理论框架 [J]。《外语界》(1)：37-43。

谈讲座型课程思辨能力的培养策略
——以“中国经济”课程为例

沈　毅
北京外国语大学英语学院

摘要：在当今信息化社会，培养学生的思辨能力比传授专业知识显得更为重要，因为知识可以从多种渠道获得，而思辨能力必须有目的、有策略地逐步培养。一般认为讲座型课程是典型的以教师为主导的教学模式，不宜培养学生的思辨能力。然而，笔者认为，通过创新和改造，讲座型课程应该而且也可以有效地培养学生的思辨能力。文章首先讨论思辨能力的培养标准及其依据，然后探讨如何利用讲座型课程的特点来培养这些能力，并将具体介绍六种培养手段。
关键词：讲座型课程；思辨能力；培养策略；主观能动性

1. 引言

在现代大学教育中，开设专业知识课程的目的一般仍然以传授给学生某个领域的专业知识为主。但是，随着信息和通讯技术的迅猛发展，专业知识可以更方便快捷地从各种渠道获得。那么，我们还需要按传统方式继续填鸭式地给学生灌输知识吗？作者认为，传授知识固然重要，但更为重要的是培养学生的思辨能力，因为吸收知识可以不受年龄限制，而思辨能力的培养则是越年轻越好，这对于学生个人乃至整个社会发展至关重要。大学教育正是培养学生思辨能力的黄金时期，错过了可能就不会再来。因此，我们应该将教学重点从传授知识转移到培养思辨能力上来。本文将以“中国经济”课程为例，探讨英语专业讲座型课程培养学生思辨能力的标准，并且将阐述培养这些能力的思路和策略。

2. 专业知识课程传统教学模式的弊端

一般来讲，传统的英语专业知识课程采用的是以教师为主导的讲座型教学模式。在这种模式下，教师是教学活动的施动者，决定着教学内容、教材和教学方式，而学生则是被动接受者，他们的学习积极性有可能受到影响，甚至对教学内容不感兴趣，出现课堂上看课外东西等现象，这种情况使得教学质量大打折扣。这一教学模式可能产生的弊端是学生思辨能力没有得到应有的培养。笔者认为，专业知识课程需要创新和改造，不仅要提高学生的学习兴趣和积极性，更要培养学生的思辨能力。

3. 思辨能力及培养标准

什么是思辨能力？思辨能力的英文是 critical thinking。国内不少学者将其直译为“批判性思维能力”。但是，文秋芳教授认为该译文歪曲了原义，建议译为“高层次思维能力”。后来，经过中国外语教育研究中心研究员们的讨论，大家建议译成“思辨能力”，文教授也接受了这个译文（文秋芳等，2009）。

国外较有影响的思辨理论或模型中，一个是以 Peter Facione 博士为首的特尔斐项目组在1990年的特尔斐报告（“The Delphi Report”）中提出的双维结构模型；另一个是以美国“批判性思维基金会”（Foundation for Critical Thinking）的 Richard Paul 博士和 Linda Elder 博士（2006）提出的三元结构模型。

双维结构模型将思辨能力分成认知能力与情感特质两个维度。认知维度分解为六项能力：阐释（interpretation）、分析（analysis）、评价（evaluation）、推理（inference）、解释（explanation）和自我调节（self-regulation）（Facione, 1990: 6）。情感维度包括好奇、敏感、自信、开放、灵活、公正、诚实、谨慎、善于应变、勤劳、坚忍、细心、精准等共19条（Facione, 1990: 13）。

综合以上能力和特质，特尔斐项目组认为一个理想的具备思辨能力的人应该是：具备好奇心，信息充分，相信理由，作评价时思想开放、灵活和公平，诚实面对个人偏见，谨慎做出判断，愿意重新考虑结果，对问题有清晰认识，在复杂问题面前有条理，认真努力寻找相关信息，合理选择标准，调查研究中重点突出，在客观条件允许的范围内尽量做到结果准确（Facione, 1990: 2）。

三元结构模型将思辨能力分成三组结构，即思维元素、标准和智力特征，其中心是思维八元素（Elements），即目的（purposes）、问题（questions）、视角（points of view）、信息（information）、推理（inferences）、概念（concepts）、启示（implications）、假设（assumptions）。每个思维元素有十条标准（Standards）用来衡量或者检验：清晰（clarity）、精准（precision）、准确（accuracy）、有意义（significance）、相关性（relevance）、完整（completeness）、逻辑（logicalness）、公平（fairness）、宽度（breadth）和深度（depth）。另外还需具备八条智力特征（Intellectual Traits）：谦虚（intellectual humility）、独立（intellectual autonomy）、正直（intellectual integrity）、勇敢（intellectual courage）、坚持（intellectual perseverance）、自信（confidence in reason）、同情（intellectual empathy）和有公平心（fair-mindedness）。（Paul & Elder, 2006: 21）

综合以上八个元素、十条标准和八条智力特征，Paul 和 Elder 认为一个训练有素的思维者（a well cultivated critical thinker）应该具备以下五个能力（Paul & Elder, 2006: 4）。

a）清楚、准确地提出关键性问题。

b）收集和评价相关信息，并能用抽象概念进行有效阐释。

c）通过对比相关标准，得出有理有据的结论和找到解决问题的方法。

d）在不同思想体系间进行开放性思维，认识和评价它们的假说、含义和实际结果。

e）在解决复杂问题中与他人有效沟通。

在国内，思辨能力理论或模型建设较有影响的学者有北京师范大学的林崇德教授和北京外国语大学的文秋芳教授。林教授（2006）提出了三棱结构模型，文教授（2008）提出了层级模型。

林崇德教授提出的三棱结构模型包括六种因素：思维目的、思维过程、思维材料、思维自我监控、思维品质、思维中的认知与非认知因素。文秋芳教授认为这六种因素与 Paul 和 Elder 提出的三元模型有较多的相似之处。例如，思维目的、思维过程、思维材料都包含在三元模型的思维元素之中，思维品质与标准很相近，非认知因素与智力特征有相通之处。该模型的一个优点是将自我调节置于顶部，突出了主观能动性的重要作用（文秋芳等，2009）。

北京外国语大学、中国外语教育研究中心的文秋芳教授（2008）在借鉴了双维模型、三元模型与三棱模型的基础上提出了层级模型。层级模型主张将思辨能力细化为两个层次：元思辨能力和思辨能力：第一层次元思辨能力是指对自己的思辨计划、检查、调整与评估的技能；第二层次思辨能力包括与认知相关的技能和标准，以及与思辨品质相关的情感特质。处于第二层次的思辨能力受第一层次元思辨能力的管理与监控。将这两种思辨能力置于上下层关系，目的是为了突出思辨者的主观能动性在思辨能力中的主导作用（文秋芳等，2009）。

综合国内外这四种模型，不难看出，国外的两种模型都指出了思辨能力的最终产品，即一个优秀的思辨者应该是什么样的。笔者认为这应该就是我们培养思辨能力的最终目标或者标准。Facione 博士提出的理想思辨者的标准似乎过于复杂、抽象，难以具体把握和操作，而 Paul 和 Elder 在三元模型中提出的五个标准似乎更具体、明确，更具可操作性。但是，三元模型也有它的不足之处，即缺乏其他三个模型都提到的情感维度，尤其是“主观能动性”。

因此，本文所讨论的思辨能力标准即是三元模型的“五个能力”加上其他三个模型都具备的“主观能动性”。概述如下：

a）主观能动性；
b）收集、分析和阐释信息的能力；
c）清晰、准确地提出关键性问题的能力；
d）得出有理有据的结论和解决问题的能力；
e）对不同思想和观点持有开放和包容的态度；
f）有效地与他人沟通的能力。

4. 思辨能力与培养策略

英语专业讲座型课程如何摆脱传统的教师一言堂的授课模式而转为兼顾传授知识和培养思辨能力的教学模式呢？笔者认为，通过创新和改造，讲座型课程也能有效地培养学生的思辨能力。下面，笔者将阐述上述六项思辨能力，探讨其重要性，并简要介绍培养这些能力的策略和手段。

4.1 主观能动性

主观能动性是指学生带着浓厚的兴趣，主动、积极、自觉地去从事学习和探索活动。主观能动性是培养和形成思辨能力的必备条件及原动力和驱使力，有了主观能动性一个人才会有动力去积极思考和探索。因此，专业知识讲座型课程首先要有意识地培养学生的主观能动性，通过积极的教学手段，激发学生的学习兴趣，让他们主动参与到学习的过程中来，从而为培养他们各方面的思辨能力提供源源不断的动力。

培养手段：

a）学生参与到教学内容的制订中来：学生有了自己的话语权和选择权，学习积极性自然会提升。学生与教师共商教学内容所带来的学习兴趣的大增可以为实施培养思辨能力的其他教学手段创造条件，起到提供动力的作用。

b）学生参与收集各类课外阅读材料，并发送到教师设定的公共电子邮箱与同学们共享：由于学生在公邮上看到的是自己或者同学提供的文章，他们的阅读兴趣就会增加，完成教师布置的各项培养学生思辨能力的任务时，如写评论文章、做课堂陈述等，积极性会更高，配合度会更好。

c）做课堂陈述：学生一般都有较强的自我表现欲望。如果要求学生做课堂陈述，哪怕只有简短的5到8分钟，他们很多人都会想方设法地去搜集资料，进行分析、梳理和归纳，做成漂亮的PPT展现在全班同学面前。这样的过程有助于培养他们的主观能动性。

4.2 收集、分析和阐释信息的能力

收集、分析和阐释信息的能力是发挥其他思辨能力的基础。思辨要有“粮食”，没有信息的思辨好比“巧妇难为无米之炊”。专业知识讲座型课程涉及大量信息，这个特点正好可以用来培养学生的这方面能力。

教师可以设计出多种活动让学生去收集相关资料，分析其中的内容、解释和表达作者以及个人的观点。这些活动可以包括：

a）学生参与收集和提供课外阅读文章：学生每周至少找一篇自认为最有感触的有关话题的文章发到公邮，与同学们分享。找到恰当资料需要了解和得知收集渠道；分析和理解各种观点，然后去伪存真，找到真正有价值的文章提供给同学分享。同时，收集资料也是锻炼和培养学生独立思考能力的过程。

b）写对比分析或评论文章：教师可以指定两篇观点完全不同的文章让学生作对比分析，或对某一篇文章进行深入分析，然后阐述学生自己的观点，以培养阐释信息的能力。

c）学生做课堂陈述：为做好课堂陈述，学生需要收集和整理相关资料，并且在课堂上有条理地呈现出来。这对收集、分析和阐述信息的能力是巨大的考验和锻炼。

4.3 清晰、准确地提出关键性问题的能力

清晰、准确地提出关键性问题的能力是思辨能力中的中间环节和重要一环。分析和阐释问题的能力是提出问题的能力的前一环节，或者前提；提出问题的目的是为了下一个环节——解决问题。清晰、准确地提出问题需要具备客观的判断力和缜密的逻辑，能够在复杂环境下看到问题的本质，抓住要害，冷静思考。

在讲座型课堂上，教师可以尝试用以下手段来培养这方面的能力：

a）教师以提问的方式进行授课：教师的提问有助于学生掌握提问思路，潜移默化地培养学生提问题的能力。

b）学生每周写一篇分析或评论文章：教师可以指定两篇观点不同的文章让学生作对比分析，或者对某篇文章进行深入剖析。在这个过程中，学生需要发现问题的实质，找出作者的关键观点或者关键问题所在，才能进行对比、评判或者批驳。

c）学生做课堂陈述：做课堂陈述需要学生能够很好地搜集、整理和归纳信息，找出关键点，并清晰、准确地表达出来。如果以小组讨论并派代表做课堂陈述，效果则会更好，因为这会有利于学生相互发现问题和指出问题。另外，教师应该在课堂上鼓励学生对其他同学做的陈述或者表达的观点提出质疑，那样更有

利于培养学生提出关键性问题的能力。

4.4 得出有理有据的结论和解决问题的能力

具备得出结论和解决问题的能力是思辨能力运用价值的最终体现，而得出的结论必须建立在充分的理由和证据之上，并且有足够的说服力，才能为合理有效地解决问题提供先决条件。

在专业知识讲座型课程中，教师可以采取以下手段：

a）教师提问式上课：教师在课堂上不断提出有挑战性的问题，激发学生动脑筋找出理由和依据来回答老师的问题，同时，老师对学生的回答要有高标准，即必须有利有据。

b）课堂做陈述：学生需要找到有理有据的证据来支持课堂陈述的观点。

c）对教学内容和课外阅读材料写评论文章：为支持、反对或者表达自己的观点，学生需要给出有利的证据，并且很好地在课堂上呈现出来。

d）课堂做小测试：对于小测试中的问题，教师应要求学生拿出充分的证据来回答问题。

这些教学手段有助于训练学生得出有理有据的结论，为他们将来走向社会，走向工作或科研岗位奠定思维基础，养成良好习惯，为解决工作或科研中的问题时培养良好的方法和习惯。

4.5 对不同思想和观点持有开放和包容的态度

持有开放和包容的态度推动思辨能力不断提升的必要条件。

对不同的思想和观点持有开放和包容的态度是批评性思维，或者思辨能力中必备的态度，因为只有先听清楚和了解对方以及他人的观点，充分考虑到他人的思想、态度和立场之后，我们才能做出判断，才能同意或者反驳他人的观点。同时，这种态度也利于我们积极吸收别人有益的和建设性的观点，不断地修正自己的目标和立场，尤其是自己的不足，从而使自己的观点和态度更加全面、完整、充分和有说服力，更易于被他人接受。

我们要培养学生对于不同意见，尤其是批评意见，做到理性、冷静应对，不受情绪影响，不发脾气，不感情用事。而对于有益的和建设性意见要学会积极吸收，这样才能使人不断进步。

知识性讲座型课程可以采用的培养方式有：

a）师生共同参与和制订教学内容：对于教学内容，师生之间、同学之间可能会有不同的要求，可以通过交流、协商和妥协的方式听取各方意见，最终确定大家都比较满意的内容。在此过程中，开放和包容的态度可以得到培养。

b）教师提问式上课：教师对于不同的观点和态度通过提问不断提醒学生注意，并做出评判，有助于学生意识到不同观点的并存及其理由，促进学生开放和包容态度的逐步形成。

c）学生对教学内容和阅读材料写评论文章：为表达好自己的观点，学生需要充分了解有关作者的观点、态度和立场之后才能做出判断，才能写好评论文章。在此过程中，有利于培养学生的开放和包容态度。

d）学生做课堂陈述：为了在课堂上表达好自己的观点，学生需要吸收、梳理和整合各种不同观点，需要取长补短。在此过程中，开放、包容的态度得以培养。如果课堂陈述以小组为单位来进行，那么学生就增加了小组综合、统一意见的过程，因此效果更为显著。

4.6 有效地与他人沟通的能力

有效地与他人沟通的能力是获得思辨能力和提升思辨能力的润滑剂，因为有了好的沟通能力才能找到问题的症结所在，才能吸收各家的长处，才能有效地解决问题；同时，好的人际关系也可以让我们有更好的工作和学习环境。

培养手段可以包括上述所讨论的教师与学生共同制定教学内容；学生通过小组讨论推荐代表做课堂陈述；教师提问式授课，与学生加强互动，同时可以活跃课堂气氛，提高教学效果。

以上是思辨能力的六项核心内容以及重要性。从上述讨论中可以看出，这些能力之间是相互关联和相互促进的。也就是说，一种思辨能力可以通过多种教学手段来培养；一种教学手段可以培养多种思辨能力。下面笔者将详细介绍培养这些能力的具体手段和措施。

5. 思辨能力具体培养手段

5.1 手段一：师生共同参与和制定教学内容

培养目标：主观能动性；对不同思想和观点抱有开放和包容的态度；有效地与他人沟通的能力。

学生与教师共同参与课程建设，参与每个讲座的内容制定。这样可以激发学生的学习兴趣，而兴趣是实施思辨能力培养手段的必备条件。知识型课程可以在教师确定的大致教学框架下，让学生参与每个讲座的大题目和分题目内容的制定和调整。如，“中国经济”课程一个学期有15次讲座，教师可以给出多于15讲的内容供学生挑选。学生可以剔除其中某些话题，也可以添加感兴趣的话题。对于每讲的具体内容，教师可以在每堂课结束前留出几分钟时间，根据大部分同学的意见，与学生商定下一讲的具体内容。例如，下堂课讲“中国外贸”，教师可以问学生对这一话题的哪些方面最感兴趣，经过讨论，学生可能对汇率、贸易保护主义、中美和中欧经贸摩擦，以及蓬勃发展的中国对外投资很感兴趣。这样，下堂课教师就可以讲解这方面的内容。可以想象，学生对下堂课的兴趣会大增，有利于调动学生的学习积极性和主观能动性。

5.2 手段二：学生自找课外补充材料

培养目标：主观能动性；搜集、分析和阐释信息的能力；对不同思想和观点抱有开放和包容的态度。

学生往往愿意展现自己选择的好文章与同学们分享。通过自己查找资料，可以培养学生的学习主观能动性。

教师可以为一门课程开设一个专用公共邮箱，要求每个学生对于每讲话题至少找一篇有关文章发到公邮，与同学们分享。学生通过寻找相关资料，广泛涉猎各种观点、文章，可以扩大他们的知识面，培养他们搜集和评判资料的能力，培养分享和相互沟通的能力，同时，也激发了他们的学习兴趣和参与课堂活动的积极性。从而可以培养他们的自主学习能力和主观能动性。

5.3 手段三：教师提问式上课

培养目标：培养分析判断能力和得出有理有据的结论及解决问题的能力；对不同思想和观点抱有开放和包容的态度；有效地与他人沟通的能力。

上课时，老师不应该按照传统的方式对每个话题按照顺序一个一个地往下讲，而应该对每个分话题进行提问式授课，鼓励学生去寻找答案。例如，教师在课堂上应对每一个讲座话题提出正面与反面、现在与过去、国内与国外等纵向和横向的问题，进行提问式授课，鼓励学生随时提问，并对老师的讲课做出评价，以培养学生的思辨、比较和判断能力。例如，对于住房这个话题，教师可以提问：改革开放前的中国住房制度是怎样的？为什么是这样？为什么要改革？现在中国是怎样的住房体制？利弊各是什么？房价为何如此之高？有解决的出路吗？等等。虽然基本上是老师在作答，但是可以让学生保持注意力集中并积极思考。当然，也有同学会当场发表意见。

5.4 手段四：学生做课堂陈述

培养目标：此举可以培养学生文中提到的几乎所有方面的思辨能力。

每次课可以安排两位学生做课堂陈述，每个人6-8分钟。形式可以有以下三种：（1）同学抽签轮流进行；（2）学生分小组派代表进行；（3）两个小组做同样的题目进行竞赛，看哪个小组做的更好。要求：题目必须有难度，有挑战性！如，“中国经济”课程中曾用过这样的题目：“中国农村土地该不该私有化？”“应该保持还是打破国有企业对银行业的垄断？”“外资企业对中国带来的利弊”等。

由于为了准备做课堂陈述，学生需要自己查阅大量资料，分析整合这些资料，并且在课堂上有逻辑地阐述。因此，可以很好地培养学生搜集、分析和阐释信息的能力，清楚、准确地提出关键性问题的能力，以及得出结论和解决问题的能力。同时，通过小组讨论，可以培养他们对不同思想和观点抱有开放和包容的态度；以及有效地与他人沟通的能力。

5.5 手段五：学生对教学内容和阅读材料写评论文章

培养目标：培养他们的分析、判断、对比、阐释和表达的能力，以及解决问题的能力；同时，由于读到了不同观点，还能培养他们的开放性和包容度。

写评论的形式可以有三种：（1）学生对某篇印象最为深刻的阅读材料写一篇读后感，让他们发表评论或见解，发到公邮与同学们分享。（2）教师指定一篇有独特意义或观点的文章让学生进行分析和评论。例如，在“通货膨胀”这一章节，一般经济学家都会认为通货膨胀弊大于利，而笔者挑选了两篇观点相反的文章，让同学们来做分析和判断。一篇认为美国需要有适度的通货膨胀，另一篇认为中国需要有适度的通货膨胀。通过分析和研究，许多同学认为开阔了眼界。（3）教师指定两篇观点不同、立场不同的文章进行对比分析。例如，关于中美贸易摩擦，笔者请同学们比较两篇文章，一篇是美国作者写的，另一篇是中国作者写的。请同学们看看观点差异在哪里，为什么会有这些差异？同学们的评论深度和全面大大超出了笔者的预料。例如，有同学评论说，中国作者提出的中美贸易纠纷的建议显得空洞、笼统，讲的都是大道理，没有说服力，没有可操作性；而相比之下，这位美国作者的文章却显得有说服力，并且能够理解中方的历史及立场，提出的措施具体和有操作性。

5.6 手段六：每堂课做小测试

培养目标：培养学生的分析判断、归纳总结和表达能力；以及解决问题的能力，还能起到考勤的作用。

具体做法：每堂课开始前或结束前5分钟，让学生做小测试，题目一般是对课堂上某个讲过的问题做重新思考和梳理，也可以是教师针对某个问题列举一个事件，或提供一组数据，让学生分析其中的主要原因，学生至少要找出5个原因。例如："2012年中国居民的储蓄率达到当年全国GDP的52%，为全球最高，而全球的平均储蓄率为20%，美国仅有8%。请问中国居民的储蓄率为什么如此之高？"

学生需利用堂上老师讲过的知识并结合自己看到过的材料来分析、归纳和总结。结果发现，不少学生的答案还是很有独到见解和视角的，有些甚至出乎笔者的预料。如，有同学回答，中国人省吃俭用，存钱不花是为了在婚丧嫁娶时摆排场、要面子。

综上所述，讲座型课程思辨能力培养手段或模式，可以总结为：

师生共定教学案
学生课前查资料
教师授课有问答
堂上学生做陈述
堂前课中有测试
课后还要写评论

6. 代价与效果的讨论

改变教学模式，培养学生的思辨能力需要师生共同付出更多的努力。一方面，教师可能会增加额外工作量，如检查学生找来的相关文章和材料；浏览学生写的评论文章或感想体会；批改每周一次的小测试，所有这些还需一一登记备案。同时，教师课堂时间也会更加紧张。另一方面，学生的压力和负担也相应增加了：学生需花时间寻找相关资料；准备课堂陈述和完成评论文章等等。但是，如果这些努力能够换来学生思辨能力的提高，一切都值得！

7. 结语

在信息化时代，专业知识课程应该将教学重点从传授知识转移到培养学生的思辨能力上来。笔者根据国内外主要思辨理论和模型，整理出了六条具体的思辨能力的培养标准，并提出了六个培养这些能力的具体教学手段。笔者认为一种思辨能力可以通过几种教学方式来培养，同时，一种教学方式也可能培养多种思辨能力。最后，笔者试图提出一套讲座型课程培养思辨能力的模式。

笔者相信，只要我们不断探索，不断实践，讲座型课程一定能够开发出越来越多地培养学生思辨能力的手段和方法，从而不断提升学生的综合素质。

参考文献

Facione, P. 1990. The Delphi Report. http://assessment.aas.duke.edu/documents/Delphi_Report.pdf (accessed 12/03/2014).

Paul, R. & Elder, L. 2006. The Miniature Guide to Critical Thinking: Concepts & Tools. https://www.criticalthinking.org/files/Concepts_Tools.pdf (accessed 12/03/2014).

文秋芳等，2009，构建我国外语类大学生思辨能力量具的理论框架 [J]，《外语界》(1)：37-43。

英美诗歌赏析课程的人文化教学模式初探[1]

王　欣
武汉大学外语学院

摘要：英美诗歌赏析作为英语专业的知识类课程，是一门兼具讨论型与讲座型的课程，如何在诗歌课程中融入思辨与人文素养的培养是一个值得探索的课题。传统的诗歌课程只是选取经典的、具有代表性的英美诗人诗作进行背景知识简介与诗歌文本赏析。而在人文化教学理念的语境下，诗歌赏析课程基于新批评与结构主义批评的理论基础，在教学模式设计和课程大纲设计方面凸显人文化的内涵，以此培养学生的审美感受力、联想思维力和独立思考力，并通过文学翻译、诗歌解读及主题分析等不同方式来检验最终的教学效果。

关键词：英美诗歌赏析；人文化教学模式；思辨能力

作为英语专业知识课程的《英美诗歌赏析》是文学类课程的子课程，是本科阶段的专业选修课。目前英语专业的发展正处于转型的重要时期，从以往的语言技能为中心转向强调思辨能力与人文素养的培养与提高。在这样的语境下，突破传统，选取经典诗作进行背景知识简介与诗歌文本赏析的诗歌教学势在必行，那么该如何在英美诗歌课程中融入人文化的教学理念呢？

英美诗歌课程的人文化教学模式涉及三个关键词：英美诗歌、人文化和教学模式。由此引出三个问题：诗歌作为教学语料有什么样的特点？人文化有着怎样的内涵？诗歌与人文化结合后又会产生什么样的教学模式？通过对这几个问题的思考与回答，便能够初步设计出英美诗歌课程的人文化教学模式。

1. 人文化教学模式设计

诗歌既是课程学习的对象，同时也是人文化学习的语料；既要学习诗歌文本，又要以此为媒介展开人文学习。那么诗歌作为教学语料的特殊性在哪里呢？在不同体裁的语料中，诗歌首先给人以语言的愉悦，这种愉悦可以来自节奏与韵律的音乐美，也可以来自隐喻与悖论的张力美。诗歌给人以思想的愉悦，诗中或隐或现的隽语与哲思，让人感慨，促人顿悟。诗歌既是情托文字的艺术、深邃思

1　本文系上海外国语大学教学改革研究项目“英语文学教改：英语技能深化基础上的讨论式教学 + 研究型学习”的阶段成果。

想的外衣，又能记叙历史发展、反映时代精神。因此在诗歌课程中要依此特点来设计课程大纲与教学方法。

人文化有着怎样的内涵呢？对于英语专业的学生来讲，人文化的课程教学模式意味着提供充分的人文知识积累，涉及理性的思维、丰厚的学养以及融会贯通的文史哲；在此基础上，还要培养学生的人文情怀和人文精神，包括开阔的视野、宽广的胸怀和淡泊的心境。人文化的课程教学模式是一个大的系统结构，英语专业各门课程都可依各自特点纳入其中，而英美诗歌与人文化结合后，就会产生诗歌的人文化教学模式，其宗旨可以阐释为：以诗歌为载体，融通中西，贯穿古今，兼顾史哲，突出思辨，力求人文。

在英美诗歌课程中，要能够做到诗歌基本知识讲授与例诗分析解读相结合，诗歌文本细读与人文知识拓展相结合，诗歌赏析与诗歌批评相结合，教师授课与师生讨论、生生讨论相结合，问题意识培养与联想思维、批判思维培养相结合，文本细读与互文解读相结合。在诗歌赏析中，鼓励学生进行文本细读，在细读中体味语言的魅力，在细读中展开联想思维，挖掘贯通古今、融会中西的互文性解读，通过互文性的联想与思考，开阔学生视野、提高学生联想思维和批判思维的能力。

这里所说的文本细读和互文解读，是依托于新批评与结构主义批评的理论概念。文本细读式新批评所倡导的诗歌解读方式，是一种本体论批评，也是最贴合诗歌体裁的批评方法。新批评派将语言学的一个分支——即语义学——应用到文学批评实践中是“一种微观的实践的语义学批评。……他所建立的实际上是一种不同于传统修辞学的文学修辞学”（赵毅衡，1986：123-127）。在新批评语境的框架内运用“细读法”，分析英美诗歌中语言层面的比喻语言、隐喻意象、象征意象、含混、悖论、反讽及张力等诗学成分。而结构主义批评的系统观则超越了新批评，是一种凌驾在具体诗歌之上的宏观的系统，力图找出作品与作品之间的关系，而这种作品与作品之间的关系，就涉及到了结构主义批评的“文本互涉性”概念原则（王欣，2011：24）。“文本互涉性”也可称为互文性，强调文学作品之间互相影响、互相引用的关系。法国文论家克里斯蒂娃（Julia Kristeva）（1986）就曾指出文本之间的相互关联性，文本之间是相互吸收与相互改编的关系。张隆溪先生也总结道：“在文学研究中，要从表层走向深层结构，就必然突破固守作品文本的狭隘观念，强调任何作品只有在文学总体中与其他作品相关联，才能真正显出它的意义。……一首诗的象征意义并不是作品本文所固有的，而往往依赖于同类型作品的同时存在，决定于文学系统的规范。读一首诗只接触到本文的语言表层，而读懂一首诗则要求把握由文学总体结构所决定的深一层意义。在这一点上，结构主义诗学颇能给人启发”（1986：105-106）。

2. 人文化教学大纲设计

基于以上理论基础，英美诗歌课程的教学大纲设计包含四个"Module"，以问题的形式贯穿起来，这样设计是为了突出问题意识，能够在回答学生问题的基础上，拉近课程与学生的距离。同时这也是一种培养学生进行批判性思维的方式，引导学生勤于思考，多问问题。

第一个"Module"是"Do you know how to approach poetry"，从诗歌作为语言艺术这一角度来走进。语言的特点之一是其双重性（duality），也即语言是由语音和语义两个系统构成的，要欣赏这样的语言艺术，便可以从语音和语义两个层面展开。诗歌通过在具体诗行中适当变换节奏与韵律，通过押韵、重叠及特殊字音的选择等语音艺术手法，使得语音与语义巧妙地结合在一起，在增强了诗歌的音乐性的同时，也体现了语音与语义的有机融合，通过语音加强诗歌蕴义的表达。课程讲授围绕诗歌语音层面的节奏与韵律以及语义层面的意象、隐喻、悖论及张力等，将诗歌语言基本要素的讲解辅以适当的例诗加以说明，实现诗歌基本知识讲授与例诗分析相结合。第二个"Module"是"What type of poetry do you prefer"，由问题讨论引出英美诗歌的基本类型：抒情诗、叙事诗和诗剧。每一类型又可以细化为次类型，如抒情诗还包括颂歌、十四行诗、挽歌等，每一类诗歌也都以经典例诗加以分析解读：含混的语言、突出对立、对照之矛盾关系的悖论、反讽，以及强调远距、异质的隐喻等，都可以成就诗歌的独特魅力；而将具体诗歌置于文学系统之中，开展互文性解读，可以引领学生体会不同类型的诗歌之美。

第三个"Module"是"Can you distinguish poetic movements"，意在将英美诗歌的发展流变置于历史文化语境之中，如文艺复兴、玄学派、新古典主义、浪漫主义、唯美主义、现代主义等，以培养学生的历史文化意识，感受诗歌运动与社会历史发展的互动。作为"本体论批评"的新批评在突出文本中心地位的同时，并不完全摒弃历史的范式。新批评的重要代表兰色姆（J.C. Ransom）（1989）就说："在欣赏和批评的背后是历史知识。它是必不可少的，但知识工具，本身不能成为目的。……在我们能够从美学角度研究乔叟之前，需要做大量的适应历史的工作"。而新批评的先驱艾略特所提出的文化传统论，强调诗人所处时代的社会结构，以及时代所继承的文化传统在写作时起着非常重要的作用，文学批评家在对文学作品进行评价与鉴赏的时候，只有将文学作品放在整个文学传统中才能发现其价值、实现其意义。布鲁克斯和沃伦（C. Brooks & R.P.W. Warren，2004）在其合著的《理解诗歌》（*Understanding Poetry*）中对345首诗歌进行了分析，这些分析不仅立足文本，还"强调当代诗歌与历代诗歌之间的连续性和关联性，……不完全排斥文类分析和社会历史批评”。因此，辅以历史文化语境的解读也是必要且重要的。第四个“Module”是“Do you know how to interpret poetry academically”，这一部分是课程结束前的拔高设计，旨在引导学生能够从学术层面来解读诗歌，掌握撰写诗歌评论的学术论文的基本规范，而学术论文写作本身对于学生的思辨能力就是一种训练。在对具体诗歌的赏析中，适当选择学术期刊的论文与学生分享，以期帮助学生实现从诗歌赏析到诗歌批评的跨越。对于有能力有兴趣的同学，鼓励撰写诗歌批评论文。

3. 人文化教学模式的培养目标

英美诗歌课程的人文化教学模式，旨在通过对学生审美感受力、联想思维力和独立思考力的培养，来提高学生的思辨能力与人文素养。

审美感受力既包括对于周围事物以及自然的审美感受力，也包括对于英语语言的审美感受力。审美感受力的提高一方面可以帮助学生在浮躁、功利的社会中保留一个淡泊淡定之心，在快节奏的生活中能够偶尔停下匆匆的脚步，提升对周围事物的敏感度和感受力，以一双能够发现美、感受美的眼睛来看这个世界；另一方面，学生通过关注头韵、尾韵等语言的审美层面，可以提升对语言的敏感度和感受力，提升对语言的驾驭能力，由此提高学生的文学翻译能力。比如，在翻译“当第一抹阳光洒向大地的时候，这对情人手拉着手散步在乡村道路上”这个句子的时候，学生会纠结于前半句的译文，究竟怎样翻译才可以再现原文的韵味，这时诗歌的阅读经验就会派上用场：华兹华斯在其《威斯敏斯特桥边作》（*Composed Upon Westminster Bridge, September 3, 1802*）中写道：

Never did sun more beautifully steep
In his first splendor, valley, rock, or hill;
Ne’er saw I, never felt, a calm so deep!

这句话就可以译为“The couple strolled hand-in-hand along the country road when the sun in its first splendor steeped the earth.”。这样的具体实例对于学生来讲形象而生动，可以起到事半功倍的效果，激发出学生更大的诗歌学习热情。

联想思维力是由此及彼的思考过程，这需要丰厚的人文知识积累才能够实现，因此，在诗歌课堂教学活动中通过拓展人文知识，来帮助学生提升历史文化意识，培养联想思维的能力。比如奥登（W.H. Auden）在其名诗《美术博物馆》（*Musee des Beaux Arts*）的第二个诗节中提到了欧洲16世纪时名画家布鲁盖尔（Pieter Bruegel）的画作《伊卡洛斯》（*Icarus*）。该画讲述的是罗马神话中伊卡洛斯因过于自负不听父亲的劝告从高空中坠入海的故事，画面定格于伊卡洛斯坠入海中的一刹那。对于他的悲剧，周围的陌路与船只丝毫未受影响，体现出冷漠的人性。奥登藉此强调诗歌的主题。而在其第一个诗节中，虽没有明确提出画作的名字，但却隐晦地暗示了另一幅画作《屠杀无辜者》（*The Massacre of the Innocents*），通过希律王捕杀两岁以内婴孩的圣经典故来彰显诗歌主题。将神话与《圣经》的人文知识融入到具体诗歌的解读中，可以有效拓展学生的人文知识界域，增加人文知识积累。

在对诗歌运动的历时讲述中，将诗歌运动的发展置于历史背景中，以此帮助学生提升历史文化意识。比如在讲到英国浪漫主义诗歌运动时，必定会涉及到18世纪启蒙思想、美国独立战争和法国大革命等社会历史背景。不仅如此，在讲解浪漫主义诗歌运动时，也要结合当代思潮让学生了解有关浪漫主义诗歌经典解构与重构的趋向，这主要涉及浪漫主义诗歌女性诗歌的再解读与再接受。例如，对于英国浪漫主义女性诗歌而言，由于当代女性主义思潮的涌动引发了对以往女性作品的关注，使得人们重新去考察由男性主导的文学史，力图还原一个更为完整、更为丰富的浪漫主义文学史。这种修订与完善不仅仅是对女性的尊重，也是对自由、平等、文明、进步的尊重。这样的背景知识介绍，有益于学生建立辩证的、历史的观点，在对具体诗歌审美层面进行分析解读的基础上，建立对文学史的宏观把握。在例诗解读中，也要选取女性诗歌文本进行联想思维的对比分析。比如，选取复兴了浪漫主义时期十四行诗创作的女性诗人夏洛特·史密斯（Charlotte Smith）的一首十四行诗《致月亮》（*To the Moon*），请学生进行文本细读并展开联想思维。经过诗歌赏析训练的学生在这个过程中将这首诗歌与华兹华斯的《水仙》、《威斯敏斯特桥边作》等诗歌进行了对比解读，提出这几首诗歌都表达了诗人在自然中寻求慰藉的主题。而由该诗的“月亮”这一意象，又可以联想到罗马神话中的月亮之神戴安娜（Diana），想到雪莱在《云》（*Cloud*）中如何将月亮描写为“焕发着白色火焰的圆脸盘姑娘”（That orbed maiden with white fire laden, /Whom mortals call the Moon），想到王尔德（Oscar Wilde）在《夜莺与玫瑰》（*The Nightingale and the Rose*）中所描写的“……乘着黄金战车的太阳和乘着珍珠战车的月亮……”（...the Sun in his chariot of gold, and the Moon in her chariot of pearl...），也想到了狄金森（Emily Dickinson）的《月亮不过是个金下巴》（*The Moon Was But a Chin of Gold*）和梭罗（Henry David Thoreau）的《月亮》（*The Moon*）。

在英语诗歌的学习过程中，很多学生在入门阶段往往觉得无从下手，无法欣赏英语诗歌的美，反映说英语诗歌与中文诗歌无法相比。针对这一问题，就十分有必要在英美诗歌的赏析过程中引入中文诗歌的互文性解读，这一方面可以帮助学生提高联想思维的能力，另一方面也能激发他们对中国文学文化的热爱。比如说，拜伦在其诗歌《她走在美的光影中》（*She Walks in Beauty*）写道：

One shade the more, one ray the less,
Had half impaired the nameless grace
Which waves in every raven tress,
Or softly lightens o' er her face;

这不免让人想到宋玉在《登徒子好色赋》中对东家之子的美的描写："天下之佳人，莫若楚国；楚国之丽者，莫若臣里；臣里之美者，莫若臣东家之子。东家之子，增之一分则太长，减之一分则太短，著粉则太白，施朱则太赤。"对于女人之美的描写，中西诗人竟有着如此惊人的相似。再比如，在对玄学派诗人约翰·邓恩（John Donne）的《别离辞》（*A Valediction: Forbidding Mourning*）的分析解读中，当讨论到情人间的别离主题时，可以提到宋代词人秦观的《鹊桥仙》以及柳永的《雨霖铃》等。引导学生进行这样的跨文化、跨时空的互文解读、联想思维，会让学生豁然开朗，建立起对英文诗歌的同情同感，不仅仅能够锻炼学生的联想思维力，同时也是帮助学生打开视野、增加人文知识的良好渠道。

独立思考力是指学生在诗歌解读赏析中能够进行独立思考的思辨能力，而这一点正是诸多专家学者针对英语专业学生现状的忧虑所在，因此要有效利用诗歌课程的特点，有针对性地提高学生独立思考的思辨能力。关于独立思考力的问题，这里举一个有趣的实验：加拿大达尔豪斯大学的教授朱莉娅·瑞特（Julia M. Wright）在文学课堂上分别将雪莱的《幽灵骑手》（*The Spectral Horseman*）、罗宾森（Mary Robinson）的《1795年的1月》（*January*, 1795）及布莱克（William Blake）的《歌》（*Song*）这三首诗歌隐去作者，告诉学生一首诗的作者来自下层百姓，一首诗的作者是贵族，而另一首诗的作者则是一位女性。有趣的是，几乎所有的学生都会给出同样的答案："政治诗是贵族写的，哥特风格的诗是下层诗人所作，而唯一的女性所写的则是抒情诗，一首他们认为是以女性的口吻所写的抒情诗"（Wright, 2007: 271）。而实际的情况是，贵族雪莱写了哥特风格的《幽灵骑手》，来自社会下层的布莱克写的是抒情诗，而唯一的女性罗宾森写的则是政治歌谣《1795年的1月》。通过这样的实例，引导学生超越狭隘的定式思维，鼓励学生进行独立思考和批判思维，敢于挑战权威，敢于做出思辨的独立思考。比如，在对布莱克的《病玫瑰》（*The Sick Rose*）的意象分析中，学生对于文本的解读体现了积极的思辨，将"玫瑰"与"飞虫"分别解读为"人的纯洁天性"与"黑暗残酷的社会现实"、"少女纯真的爱"与"不负责任的薄情男"、"合法婚姻"与"合法婚姻掩盖下的同性恋"、"精神之爱"与"肉体之欲"等等，展示出独立思考的联想思维力。再比如，学生对雪莱的"奥西曼德斯"（*Ozymandias*）进行分析，将该诗歌解读为英雄悲剧、生态环境保护等不同主题。这种新批评式的立足诗歌文本"本体"的解读方式，对于培养学生的独立思考力大有裨益。

4. 人文化课程的教学效果测试

教学效果测评是人文化教学模式的重要环节，也是检验教学效果的重要环节。孙有中教授（2013）认为，目前英语专业知识课程测评从思辨能力培养的角度来看，存在三方面的问题："第一是评测形式比较单一。第二是评测内容比较浅层。第三是评测标准过于含糊。"这些问题也同样是英美诗歌课程测试所存在的问题，因此根据人文化诗歌课程的培养目标，对教学效果的测试可以通过以下三种方式来进行：一篇文学翻译、一首诗歌解读和一个主题探讨，以此来检测学生在审美感受力、联想思维力和独立思考力三个方面是否有了提高，而这三种能力的提高正是学生思辨能力与人文素养提升的表现。

一篇文学翻译是指通过中译英的文学翻译测试，检验学生是否能够学以致用，是否能够有意识地将诗歌中学到的语言用到翻译之中，这一点在文学翻译方面尤为重要。学生在诗歌学习的过程中增加了对英语语言的敏感度，提高了对语言审美的感受力，翻译能力和水平自然也会有所提高。一首诗歌的解读是指新批评式的诗歌解读，在不提供任何作者等背景知识的前提下，请学生立足诗歌文本进行分析，这样学生可以充分发挥自己的独立思考力和联想思维力，展开文本细读和互文解读，以此检验学生的思辨能力与人文知识积累。一个主题探讨是指为学生提供一个诗歌主题，如"自然"、"爱情"、"旅程"等，学生对此主题自由选择自己所熟悉或喜欢的诗歌进行对比分析解读，可以是同一时代的不同英美诗歌，也可以是跨时代、跨文化、跨语言的不同诗歌，这种形式的测试对于学生的思辨能力和人文知识积累的要求更高。这三种测试形式由浅入深、循序渐进，既是对学生学习效果的测评，也是对课程教学效果的检验。人文化的英美诗歌课程教学与教学效果测试相辅相成，为学生提供一种思维模式的培养与训练，起到了提高思辨能力和提升人文素养的双重作用。

英语专业学生思辨能力的培养和人文素养的提升有赖于人文化的课程体系设置，英美诗歌赏析课程作为英语专业知识课程也是这个人文化课程体系的一份子，在课程设计中既要突出对英美诗歌的赏析，又要夯实英美诗歌的基本常识，同时也要涉猎诗歌批评理论与实践，这样可以实现从门外到门内、从赏析到批评的学习过程。人文化的教学模式设计、课程大纲设计、人文化的教学目标以及教学效果测试，都能够体现出"以诗歌为载体，融通中西，贯穿古今，兼顾史哲，突出思辨，力求人文"的宗旨与理念。英美诗歌赏析课程与其他课程相互作用，共同架构人文化教学的体系模式，使学生得以在这个体系模式中不断夯实人文知识积累，开阔文化视野，丰富人文知识，培养人文情怀，提高思辨能力，提升人文素养。

参考文献

Brooks, C. & R. P. Warren. 2004. *Understanding Poetry* [M]. Beijing: Foreign Language Teaching and Research Press & Thomson Learning.

Kristeva, J. 1986. Word, Dialogue and Novel [A]. In Toril moi (ed.). *The Kristeva Reader* [C]. Oxford: Basil Blackwell, 34-61.

Wright, J. M. 2007. Baillie and Blake: At the Intersection of Allegory and Drama [A]. In Helen P. Bruder (ed.). *Women Reading William Blake* [C]. Basingstoke & New York: Palgrave Macmillan, 270-278.

兰色姆，1989，批评公司 [A], 载史亮编，《新批评》[C]。成都：四川文艺出版社。

孙有中、查明建等，2013，创新英语专业测评体系，引领学生思辨能力发展 [J]，《中国外语》（1）：4-9。

王欣，2011，《英国浪漫主义诗歌的形式主义批评》[M]。上海：上海外语教育出版社。

张隆溪，1986，《二十世纪西方文论述评》[M]。北京：三联书店。

赵毅衡，1986，《新批评——一种独特的形式主义文论》[M]。北京：中国社会科学出版社。

审美与思辨："英美小说选读"课的教学反思

周 炜
北京外国语大学英语学院

摘要： 本文是笔者开设"英美小说选读"课的教学反思。在二语习得的语境中，文学教学传统上被视为语言教学的补充部分，教学内容侧重理解。本文旨在研究如何在文学教学中引入审美阅读和批判性阅读。为此，论文综述了穆迪的文学教学理论、罗森布拉特的阅读交互理论和批判性思维的定义。穆迪从技能、知识、思维发展和性格塑造四个方面论述文学作品在二语习得中的作用。罗森布拉特提出"输出阅读"和"审美阅读"两种方法，强调唤起个体的情感以建立读者和作品之间的关系，倡导"审美阅读"。批判性思维强调逻辑训练。笔者在教学实践中借鉴以上理论和方法，提出以"审美阅读"和批判性阅读为主的教学方法，使教学重点由对作品的理解转向对作品的批判性阅读，以培养学生的审美和思辨能力。文中以《简·爱》和《藻海无边》为例，详细地阐述了教学实践，包括教学目的、教学过程和教学效果。

关键词： 输出阅读；审美阅读；思辨性；批判性思维

在中国的英语教学中，阅读原文小说历来是常规的教学手段。在英语学习的初级阶段，教师通常会鼓励学生阅读趣味性强、语言比较浅显的短篇小说或长篇小说的简写本，即通常所说的简易读物；在英语学习的中、高级阶段，教师通常会指导学生阅读名家名作，并适当地开设以断代史为特点的文学课程。可以毫不夸张地说，在学习英语的过程中，优美的文学作品是教师的得力助手，是学习者的亲密伙伴，也是每一个学习者希望通过自己的努力可以掌控、驾驭并体现自己语言水平的终极目标。也许正因为如此亲密和熟悉，在繁忙的教学科研中，我们反而很少驻足来审视这位朋友，反思我们是如何运用文学作品以及在运用的过程中是否有效。

英美小说选读（Selected Readings in British and American Fiction）是在北外英语学院二年级上学期开设的课程，从2008年9月到2012年9月，在笔者的主持下共开设五轮。本篇论文是笔者开设这门课程的教学反思，共分为四个部分。第一部分综述文学作品在二语习得中的作用和主要教学方法，简述开设这门课程的理论依据。第二部分详细介绍如何在这门课程中引入审美阅读和批判性阅读，从而培养学生的思辨能力。第三部分以《简·爱》和《藻海无边》为例，阐释教学目的、教学实践和教学效果。第四部分是结论。

1. “英美小说选读”课的教学理论依据

作为英语文化的载体，英语文学作品在英语教学中历来占有不可替代的地位。教师通常认为学生在掌握了规范的语法和一定的词汇量之后，扩大阅读量可以使学生体会英语丰富的情感表现力，培养优美的语感，了解英语国家的文化。对文学作品的应用基本上分为以下形式，在一、二年级开设泛读课，在三、四年级开设文学选读课程。学者们针对文学教学法的论述可谓汗牛充栋。限于篇幅，笔者在此仅提及对课程有启发的相关理论。

1.1 穆迪的文学教学理论

穆迪（H. L. B. Moody）的著作《文学教学》（*The Teaching of Literature*）主要研究发展中国家中的英语文学教学。他认为文学在二语习得中具有以下四个作用：技能（Skills）、知识（Knowledge）、思维发展（Development）和性格塑造（Character）（Moody，1971）。技能指文学作品可以用来训练听、说、读、写四项基本功。知识指文学作品中所蕴含的文化传统。穆迪认为文学同文化有着密不可分的联系。在全球化语境下和跨文化交流中，文学有助于人们形成宽容的心态和保持民族自豪感，可以增进不同文化之间的理解。思维发展是指学生作为个体的发展，个体接受教育的过程可以被视为个体能力发展的过程。其中，逻辑训练对智能的发展起至关重要的作用。穆迪提到逻辑过程“依赖准确的洞察力、精确的语言阐释、数据的整理和归类、正确的归纳和演绎、各种判断、建构合适的行动路径”。性格塑造指价值观的形成和品格塑造，文学作品描写人生百态，揭示人的七情六欲，因此理解文学作品可以洞悉人性，有助于读者形成正确的价值观，养成良好的品质。

1.2 罗森布拉特的阅读交互理论

罗森布拉特（Rosenblatt）是读者反应学派的代表人物之一。这一学派强调读者的作用，认为文学作品只有经过读者的阅读才会产生意义。在她的著作《读者・文本・诗》（*The Reader, the Text, the Poem*）中，罗森布拉特提出了阅读交互理论（transactional theory of reading literary works），她认为以往的文学批评要么强调作者，要么强调文本，评论家们忽视了文学阅读中非常重要的一个环节，即读者（Rosenblatt，1978）。她认为对文学作品的阅读有两种方式，一种是“输出阅读”（efferent reading），另一种是“审美阅读”（aesthetic reading）。前者注重读者从作品中所获取的信息量，采用这一阅读方法的教师通常会引导学生分析作品的情节、人物关系、人物性格、作品的写作手法，如象征、意象等，教学内容侧重对文本的解释。后者注重阅读过程中个人的感受，通过唤起个体的情感建立读者和作品之间的关系（Rosenblatt，1978）。她认为有必要提倡"审美阅读"，即在阅读过程中，鼓励读者从自身的性别、种族、文化背景出发，与作品中的人文内涵建立密切的关系，进而挖掘作品中的关于人性和人生的丰富涵义。

我认为，"输出阅读"和"审美阅读"这两种方式并不是互相排斥的。在二语习得的语境中，前者依然是基础，在此基础上，教师有责任把教学重点逐渐引向后者。随着教学层次和学生语言水平的提高，教师可以加强"审美阅读"的力度。

1.3 批判性思维

思辨能力或者思辨性，译自英文 critical thinking，因此也被翻译为批判性思维。笔者认为两种译法均可，因此在本文中视不同的语境将思辨性和批判性思维互换使用。学术界通常认为批判性思维起源于苏格拉底的问答教学法，在20世纪中后期作为一个学术术语被提出。作为一种思辨方式，它可以被运用于不同学科，讨论不同的话题，也可以被融合在各种不同的思维模式中。 理查德·保罗（Richard Paul）和琳达·埃尔德（Linda Eldredge）在《批判性思维工具》中将批判性思维定义为"建立在良好判断的基础上，使用恰当的评估标准对事物的真实价值进行判断和思考"（保罗和埃尔德，2013）。彼得·法乔恩（Peter Facione）在《批判性思维》一书中将批判性思维定义为"有目的的反思性判断"（法乔恩，2013），并将其核心能力概括为以下六种：解读、评价、分析、解释、推理和自我监控（法乔恩，2013）。文森特·鲁吉罗（Vincent Ruggiero）在《超越直觉：批判性思考指南》（第八版）中指出"批判性思考的本质是评价。因此，可以把批判性思考界定为我们用以检验各种主张和论据，并判定哪些具有优点、哪些不具有优点的过程，换言之，批判性思考就是寻找答案，是一种探究。不足为奇，批判性思考中所使用的最重要的技巧之一是提出探索性的问题"（特鲁吉，2010）。

既然提出问题是如此重要，那么，我们怎样才能提出批判性问题呢？对此，布朗和基利在《学会提问——批判性思维指南》（第七版）中分析了两种思维方式——海绵式思维和淘金式思维的特点，指出前者强调知识的获得，后者强调与知识的积极互动。采用海绵式思维的人在阅读时会尽可能地记住更多的信息，他会记住和总结阅读材料的主题和主要观点；他会检查笔记，确保没有漏掉重要的信息，他的任务是找到并理解作者的意思。采用淘金式思维的人会提出尽可能的问题，并频繁地思考为什么作者会与自己有不同的观点。他会写下自己的质疑，会批判性地评估材料，与阅读材料进行持续性的互动（布朗和基利，2008）。

批判性思维一经提出，在各个教学领域产生了反响，也被众多学者公认为现代高等教育的一个重要培养目标。这一概念不可避免地会改变各个学科的教学方式。

1.4 文学教学之我见

如果我们把穆迪所提出的逻辑过程同批判性思维所强调的能力加以对比，我们可以看出这两者有重合之处。可见文学教学中本应该包括思维训练，但是在二语习得的教学中，教师往往过于强调技能和知识这两个功能，而有意无意地弱化了文学作品本身所蕴含的思辨功能和品格培养功能。换言之，文学作品被过于工具化了。如在泛读课中，文学作品基本被视为语言教学的延伸。有时，教师会要求学生写读书报告或梗概，这种作业考察的是学生对作品内容的掌握而不是讨论和质疑。在高年级的文学课程中，虽然有思辨性的探讨，但我认为为时过晚。我们本应该更为有效地运用文学作品来培养学生的审美能力和思辨能力。这并不是文学作品本身的问题，而是教学方法的问题。

从穆迪的理论出发，再结合批判性思维的特点，我们可以逐步将思辨性引入文学教学中。文学教师面临的任务是既要尊重文学的特点，又要在课程中培养思辨能力。从这一角度来说，罗森布拉特提出的审美阅读和思辨阅读具有同等的重要性。审美阅读强调读者对于作品的感受，强调作品中可以引起读者共鸣的情感因素。思辩性强调探寻和质疑，侧重探寻作者的世界观和价值观，质疑经典作品中可能隐藏的不易被人觉察的偏见或暴力。这两种方法，如果运用得当，我们既可以在文学课程中引入了批判性思维，又可以强调文学的特性，起到事半功倍的效果。

2. “英美小说选读”课程的教学反思

进入21世纪，随着互联网在中国的普及，学生获取信息的手段日趋多样化。以前学生在图书馆需要花费大量时间查询资料，现在只需轻按鼠标即可在互联网上得到海量的信息。同时，随着英语教育在中国的普及，学生的英语水平也有较大的提高。在这种情况下，教师必须及时进行教学反思，积极调整教学方法。笔者在开设“英美小说选读”课的五年中，进行了不断的尝试，把审美阅读和批判性阅读引入课程中，培养学生的思辨能力。

“英美小说选读”是在二年级上学期开设的课程，为英语专业必修课，开设时间为一学期，每班人数是24人，共有四个平行班。考核方式为过程性评估，包括网上测验、口头报告、课堂讨论、平时作业和期末论文。这门课程是在改造英语专业二年级原有的泛读课的基础上逐步发展起来的。

2008年以前，英语系在二年级开设泛读课，授课内容包括原版小说、原版历史、文化等学术著作，开设时间为一年，当时的教学方法是文学作品和社科作品交叉讲授，即前三周阅读小说，接下来的三周阅读社科类作品，依此轮换。这样做的优点是学生可以接触不同学科的作品；缺点是不利于深入探讨。从2008年起，英语系根据各方面的反馈，决定把小说阅读和社科阅读分开，单独开设英美小说选读课程和人文经典选读。

在二上开设英美小说选读课有一定的操作难度。从名称看，这门课程似乎要穷尽英美小说的经典，从开设时间为一学期看，又不可能包括太多的作品。对于当时二上的学生来说，在精读课之外，又必须有一门阅读量较大的课程，这给笔者提出了难题，也提出了挑战。笔者当时的原则是不能把这门课程设计成传统的泛读课，也不能设计成以"输出阅读"为主的文学课。在批判性思维的启发下，笔者决定把培养思辨能力纳入教学中，同时兼顾文学的审美功能，对教学和考核进行了相应的调整。在五年的教学实践中，笔者有目的地引导学生进行审美阅读和批判性阅读，将法乔恩提及的解读、评价、分析、解释和推理这些批判性思维的核心能力融入教学的各个环节中，尤其是讨论题的设计中，调整评估方式，把这门课程开设成兼具审美和思辨性的文学课程，取得了较好的效果。

2.1 教学目的

根据以上思路，笔者将这门课程的目的设定为：1）引导学生理解小说的历史和文化背景；2）激发学生对小说中所反映的文化社会背景进行质疑和思考，逐步培养学生的思辨能力；3）启发学生结合自身的经验，欣赏小说中的审美价值，对学生进行人格上的培养和个人素质的提升。

因为强调审美阅读，在挑选作品时，必须考虑学生的接受能力和生活阅历。我们主要遵循以下标准选择教材：语言具有时代感、内容贴近学生的生活经历、作品具有时代特色的英文原版小说。经过一年级的强化训练，二年级学生的英语能力与入学相比已有较大的提高，有能力阅读原版小说。从心理状态来讲，他们大多在19岁，大多数学生第一次离开家乡，到北京求学，在自我认知、异性关系和适应环境方面可能有不同程度的困惑。因此，我们会尽量挑选能够引起学生共鸣的经典作品，如果可能的话，尽量挑选主人公和学生年龄近似的作品。我们使用效果较好的作品有：美国作家塞林格的《麦田里的守望者》、美国诗人西尔维娅·普拉斯的小说《钟形罩》。《麦田里的守望者》中的主人公霍尔登正直16岁，处于青春叛逆期，对社会现象不满，和周遭环境格格不入。《钟形罩》的主人公埃斯特是大学二年级的学生，小说主要描写她暑假期间在纽约一家时尚杂志实习的经历以及她对未来生活的思考。学生们在生活中也面临类似的困惑。在教学过程中，教师可以引导学生结合自己的人生经历，理解主人公的人生困境以及他们是如何走出困境的。通过和作品的互动，引导学生审视自身，理解他人，促使他们完善自己，成为热爱生活、具有宽容胸怀和博爱精神的人。这也是教育的终极目标。不论采取何种教育方式，教师都不应该忘记这一终极目标。

2.2 教学实践

这门课程使用的教材分为必读书和选读书两种，必读书在课堂上使用，由教师指导学生阅读并进行课堂讨论，通常一学期读四本小说，三个星期完成一本。选读书是供学生课后阅读，教师可以根据学生人数安排两至三次的读书报告会（reading safari），请每个学生在课堂上做读书报告，报告为10分钟，然后是5分钟的问答。在五年中，我们先后使用了近十部作品作为课程的必读教材，在使用过程中被证明效果比较好的有：《麦田里的守望者》、《钟形罩》、《喜福会》、《简·爱》、《藻海无边》、《青草在歌唱》和《蝇王》等。除《简·爱》外，这些作品均发表于第二次世界大战后，语言明快，具时代感，长度适中，可以在两三个星期完成一本。

在教学过程中，我从三个渠道帮助学生分析作品。第一个渠道是课前布置相关话题（topics on the novel），主要是关于作者和小说时代背景的事实性的话题，让学生课前查阅，然后指定学生在课堂上做口头报告（oral presentation），每次报告的时间控制在8分钟以内，每个学生都有机会做报告。学生通常会使用互联网搜集相关的信息。这一做法的目的是发挥学生自主学习的能动性，课前消化小说的背景知识，以有效利用课堂上的宝贵时间。第二个渠道是做网上测试（online tests），每周一次，利用北外的网络教学平台（bb.bfsu.edu.cn）做网测，要求学生课前完成；测验形式分为正误判断题、多项单选题或填空题。网上测验主要检查学生的“输出阅读”，即对情节、人物关系、写作方法的掌握，侧重输出阅读。第三个渠道是课堂讨论（in-class discussion）。笔者会提前布置讨论题（questions for discussion），要求学生课前完成每周规定的阅读量，通常为40至50页。课堂上，教师把全班分成若干小组，每组通常有4人或5人，先进行分组讨论（group discussion），每组讨论不同的题目，然后由组长做汇报，紧接着是全班再针对汇报中的问题展开质询和进一步的讨论（class discussion）。全班学生需轮流担任小组长（group leader），表现记入总评成绩。

讨论题是体现教学目的最有效的环节。笔者在设计问题的过程中，把法乔恩提及的评价、分析、解释和推理等批判性思维的核心能力和每个讨论题对应起来，讨论题中既有分析性问题，如人物分析、写作手法的分析，也有评价性问题，如针对作者价值观的评判和质疑，也包括激发学生切身感受的问题。讨论题是课前布置的，学生在阅读的过程中通常会做笔记或者在书上标出相关段落。他们带着自己的理解来到课堂上。在讨论中，他们有时会因为意见相左而争执起来，这是培养学生思辨能力的最佳机会。笔者通常会把学生争执最为激烈的问题抛给全班，让所有的学生都发表自己的意见。例如，当讨论谭恩美的小说《喜福会》时，有的学生认为书中的母女矛盾主要是由代沟引起的，有的认为是中西文化冲突引起的。笔者会适时地让全班学生针对这一话题发表意见，鼓励他们结合自己的成长经历，理解书中的母女关系。同时，笔者会根据学生的接受能力，适当地引入离散理论，指导学生关注小说中母女两代人对美国文化不同的接受态度以及由此产生的后果，并同母女矛盾的讨论结合起来。在适当的引导下，学生通常对这一话题有了更为深刻的认识。当学生已经适应这种面对面的思想交锋而感觉课堂讨论意犹未尽时，笔者会把讨论逐渐转移到网上，让学生在北外的网络教学平台上继续发表自己的观点。网络平台上有讨论板这一功能，教师可以设置讨论题，学生可以发表意见。讨论板还有问答功能，这样可以实行教师和学生之间、学生之间的互动，使学生处于思考亢奋的状态。在整个教学过程中，教师通过精心设计的问题，启发学生对小说进行批判性阅读，以弥补被动的、侧重理解的阅读方式。如果说审美阅读让学生对所读的文学作品产生共鸣，那么批判性阅读是把学生从这种过于个人化的情绪中抽离开，理性地判断文学作品的内涵，尤其是文化内涵，并分析作者的创作动机、创作视角及其所折射的意识形态。

教学实践的调整还需要考核方式的革新。这门课程采用过程性评估，包括网测（10%）、读书报告（20%）、课堂讨论（20%）、书面作业（10%）和期末论文（40%）。期末论文分为三步提交：提案（proposal），提纲（outline）和论文。这样，在整个学期中，学生都处于比较紧张的学习状态，他们通常会在课前积极阅读、不断思考和辩论，在教师的引领下，提高自己的文学感受力和思辨能力，从而写出质量较高的论文。

2.3 教学效果

除学校的例行评估外，笔者主要通过随机访谈和分析期末论文来考察教学效果。在和学生的交谈中，学生普遍认可这种教学方式，他们认为在二年级阅读原版小说最好有教师引领，教师可以帮助他们解决阅读中的主要问题。通过精心设计的讨论题，学生对作品的理解更为深入，更有针对性。虽然大部分学生的论文选题依然偏向作品分析，但是越来越多的论文题目侧重思辨性。现举例如下：

题目1：A Postcolonial Reading of *Wide Sargasso Sea*

题目2：On the Mother-daughter Conflict in *The Joy Luck Club*: From a

Psychological Perspective

题目3：On the Duality of Chinese Culture in *The Joy Luck Club*

从以上题目可以看出，学生们对小说的分析侧重思辨。他们不满足于仅仅对作品进行分析性解读，而是运用各种理论对作品进行批判性阅读。也许他们的论文并不深刻，但是他们的解读方式应该受到鼓励和肯定。

3. 《简・爱》和《藻海无边》的教学案例

在这一部分，笔者以《简・爱》和《藻海无边》为例，详述在教学过程中如何引导学生进行审美阅读和批判性阅读，以培养学生的审美和思辨能力。

3.1 《简・爱》的教学案例

《简・爱》是19世纪英国女作家夏洛蒂・勃朗特以自身经历为素材创作的小说。因为作者塑造了一位自爱自尊自强、勇于追求爱情的独立女性形象，这部小说成为历久弥新的经典作品。简・爱在成长中所遇到的问题，如童年痛苦的经历、成年后对知识和独立生活的渴望，以及和罗切斯特的感情纠葛都是二年级学生可以理解同时也是正在思考的问题。针对这些话题设计的问题也很容易引起学生的共鸣。

以下是关于《简爱》的部分讨论题：

1. Describe Jane's life as a child. How does our understanding of Jane's childhood contribute to our understanding of her as an adult?

2. Make a comparative study of Helen Burns and Jane Eyre.

3. Note references to other countries in Chapter 1 and throughout the novel. Do you find Brontë demonstrating a superior British attitude over people in other countries? To what extent are characters and/or situations in *Jane Eyre* affected, or created, by British imperialism and colonialism?

4. In *Jane Eyre*, we hear the story of Bertha from Mr Rochester, filtered through the perspective of Jane. Do you think the narrator reliable? What do you think Bertha's version of her story would be? How do you interpret the character of "the mad woman in the attic"?

5. The romance between Rochester and Jane is one of the greatest in literary history. How do you understand their relationship?

6. Some critics argue that in returning to Rochester, Jane sacrifices her long-

sought autonomy and independence. Do you agree? Why/ Why not? How would you rewrite the ending of *Jane Eyre?*

7. Do you think the values that *Jane Eyre* upholds would or would not be appropriate values for people to live by in the twenty-first century?

第1、2题侧重分析性阅读，要求学生在理解小说的基础上，分析人物的性格和动机，第3、4题把学生的注意力引向小说细节中所隐藏的作者的叙事视角和世界观，培养学生的质疑精神。第5、6、7题兼具审美和思辨的功能，可以引导学生对简的经历进行反思，思考女性在维多利亚时代的社会地位，并同21世纪的妇女地位进行对比。因为在课前已经布置了关于作者和维多利亚时代的相关话题，学生通常对小说的时代背景已有比较深入的了解，在课堂讨论中，往往会有惊人的观点。例如，在讨论《简·爱》的过程中，学生会比较简·爱和海伦对待宗教的观点，也会比较简和她的两个表姐之间不同的生活轨迹，对这些话题的讨论显示学生并不是被动地把这部小说看成单纯的爱情故事，而是在认真思考女性成长过程中的一系列问题。

3.2 《藻海无边》的教学案例

因为其经典地位，《简·爱》不断地被改编成其他形式的文艺作品，也被不断地重写。如希拉里·贝利（Hilary Bailey）的《罗切斯特夫人》（*Mrs. Rochester: A Sequel to Jane Eyre*），描写简和罗切斯特重逢后的生活，D. M. 托马斯（D. M. Thomas）的《夏洛蒂》（Charlotte）重写了两人之间的爱情纠葛。最为著名的重写非简·里斯的《藻海无边》莫属。里斯1890年出生于英属西印度群岛的多米尼加，16岁到英国求学。她认为勃朗特对《简·爱》中罗切斯特前妻的描写有失公允，故决定重写罗切斯特和他前妻的故事。这就是出版于1966年的《藻海无边》，也被部分评论家视为《简·爱》的前传。里斯从罗切斯特前妻安托瓦内特的视角叙述了她和罗切斯特在牙买加相识结婚，后被带到英国的经历。这部作品横跨英属殖民地和英国，以细腻的文笔描写了奴隶制在牙买加被废除后，当地白人的生活处境和心理变化以及两人之间痛苦的婚姻。这部作品被视为后殖民的经典之作。《简·爱》因为引人入胜的情节和简·爱的形象而成为英语教师常选的文学作品。《藻海无边》因为对《简·爱》的重写，成为不可多得的引导学生进行批判性阅读的教材。在教学过程中，我从设计问题入手，培养学生的批判性阅读能力。

关于《藻海无边》的部分讨论题：

1. Compare the image of Antoinette in *Wide Sargasso Sea* with that in *Jane Eyre*.

2. Compare the image of Rochester in *Wide Sargasso Sea* and that in *Jane Eyre*.

3. Discuss the affinity and difference between *Wide Sargasso Sea* and *Jane Eyre*.

4. Discuss the construction of identity in the novel.

5. Comment on *Wide Sargasso Sea* as a post-colonial novel. Analyze some post-colonial factors, such as the other/self, mimicry, etc.

第1、2、3题引导学生进行对照阅读，分析同一人物在两部作品中何以有如此不同的呈现。问题虽然侧重对作品的分析，但是目的却是引导学生思考背后的成因，如作品写作的时代背景、作者的世界观等。第4、5题对学生提出了更高的要求，学生通常要阅读后殖民方面的理论才能较好地回答上述问题，这也是最能培养批判性阅读能力的问题。尽管难，还是有必要进行的。最重要的一点是通过阅读这两部相关的作品，学生对经典有了新的认识，他们认识到对文学作品的解读不是一成不变的，文学作品在不同的时代会获得不同的诠释，而作品的深刻含义依赖于读者不懈的质疑和解读。需要注意的是，课前笔者已经布置相关话题，如里斯的生平和创作、牙买加的奴隶史、互文和重写（Rewriting and Intertextuality）、后殖民理论等话题，要求学生阅读相关材料，同时指定学生针对这些话题在课堂上做口头报告。后两个话题涉及文学理论，有一定的难度，教师需要推荐互文性和后殖民理论的相关文章，内容要通俗易懂，不宜过难，做好铺垫，课堂上才会有深刻的讨论。

从以上两个教案可以看出，教师的教学理念决定教学方向和学生的努力方向。笔者认为最关键的环节是设计讨论题，一定要体现批判性阅读的特点。根据法乔恩提出的批判性思维的核心能力，笔者通常把问题分成三种类型：第一类强调解释和分析能力的培养；第二类强调评价能力的培养；第三类强调审美能力的培养。为了培养学生的思辨能力，我们特意把《简·爱》和《藻海无边》进行了对比阅读。学生普遍反映通过阅读《藻海无边》，他们对《简·爱》有了全新的认识，学会了辩证地认识作者的创作视角和立场，而不是盲目地接受作者所传达的信息。《藻海无边》也为教师提供了引入文学理论的契机，教师可以适当引入关于互文性和后殖民的相关理论，以提高学生的思辨能力。

4. 结语

批判性思维于20世纪后半期作为一种思维训练方法被提出，迄今为止，在西方已有丰富的教学实践，其涵义也不断得到丰富和发展，其影响已渗入各个学术领域。作为一种阅读方式，我认为它甚至主导了西方1960年代以后的文学批评的发展，如后殖民批评家赛义德、霍米·巴巴均对西方的经典作品进行了批判性阅读。对于文学教师来说，批评性思维是一笔宝贵的财富。贝琳达·哈克斯认为批判性思维是继语言学被引入文学教学中的又一重大方法上的突破（Belinda Hakes，2008）。它可以帮助我们克服在二语习得过程中重技能轻思辨的习惯做法，促使我们在互联网时代把教学重点转向思辨、评判和品格塑造。

21世纪对中国的英语教学提出了挑战。作为英语专业的学生和教师，笔者亲身体会到过去30年中北外英语教学的巨大变化。作为文学教师，我们要及时反思文学作品在二语习得中的作用，总结前人的教学经验，积极引入批判性思维。以往的文学教学倾向于“输出阅读”，“审美阅读”即使有，也不是教学的重点。随着对批判性思维的倡导，教师在教学过程中可以更加有针对性地培养思辨能力。又因为文学承担着审美的使命，因此，我们可以根据学生的心理特点和语言水平，为他们挑选合适的教材，在问题设计、考试形式上加强培养学生的审美能力和思辨能力，使学生在网络为王、全球化为特点的21世纪，成为思维敏锐、目光犀利、品格高尚、具有强烈使命感的全人。

参考文献

Hakes, B. 2008. *When Critical Thinking Met English Literature* [M]. Oxford, UK: How To Content, a division of How To Books Ltd.

Moody, H. L. B. 1971. *The Teaching of Literature* [M]. London: Longman.

Rosenblatt, L. M. 1978. *The Reader, the Text, the Poem: the Transactional Theory of the Literary Work* [M]. Carbondale: Southern Illinois University Press.

[美] 彼得·法乔恩（Peter Facione），2013，《批判性思维》（*Think Critically*）[M]。李亦敏译，田平校。北京：中国人民大学出版社。

[美] 理查德·保罗（Richard Paul）琳达·埃尔德（Linda Elder），2013，《批判性思维工具》（*Critical Thinking, 3rd edition*）侯玉波、姜修琳等译。北京：机械工业出版社。

[美] 尼尔·布朗（Neil Brown）和斯图亚特·基利（Stuart Keeley），2008，《学会提问——批判性思维指南》（*Asking the Right Questions: A Guide to Critical Thinking, 7th edition*）[M]，赵玉芳、向晋辉等译。北京：中国轻工业出版社。

[美] 文森特·鲁吉罗（Vincent Ruggiero），2010，《超越直觉：批判性思考指南》（*Beyond Feelings: A Guide to Critical Thinking, 8th edition*）[M]。顾肃、董玉荣译。上海：复旦大学出版社。

英语专业文学课程与思辨能力培养

李莉莉
大连外国语大学英语学院

摘要： 思辨是一项重要技能。本研究旨在探讨英语文学对于培养高校学生思辨能力的积极作用，以及教师应该如何在英语文学课堂上培养学生的思辨能力。本文致力于构建英语文学课堂探究式教学模式，该模式依托于布鲁姆认知领域教育目标分类理论（1956）以及莫蒂默·阿德勒的派迪亚模型（1984），目的是依据具体的思辨原则指导文学课堂的教与学。
关键词： 思辨；文学课程；教学模式

1. 引言

“思辨”的重要作用毋庸置疑，早在1910年美国实用主义教育家约翰·杜威（John Dewey）就提出培养学习者“反省思维”（reflective thinking）应该是教育的中心目标，“只有在思维过程中获得的，而不是偶然获得知识，才具有逻辑使用价值”（Dewey，1910）。Facione（2011）指出，“思辨是教育的解放力，是个人以及社会进步的动力源泉”；众多学者认为“人类能够作出明智决断主要依赖于自身的思辨能力”（Moore & Parker，2009；Browne & Keeley，2007）。当今时代，培养学生的批判性思维能力已然成为世界共识。

然而，1998年黄源深老师发表的一篇名为“思辨缺席”的文章让中国外语专业教育面露尴尬，该文诊断外语专业学生普遍患有“思辨缺席症”；十多年过去了，“思辨缺席症”竟成顽疾，“情况似乎并没有多大改观”（黄源深，2010）。近几年来，文秋芳、孙有中、黄源深等英语专业教育领域的专家们真正在理论以及实践上将英语专业教学改革提上日程，重点关注英语专业学生的思辨能力培养。英语教育界专家学者群策群力，从培养目标、课程设置、教学方法、评估手段、教材建设以及教师培养等角度提出和付诸实施全方位的教学改革方案（文秋芳，2002；孙有中，2011；黄源深，2010；常俊跃等，2008；李莉文，2010等），以培养学生思辨能力为核心目标的英语专业教学改革的大幕已经拉开。

2. 思辨理念下的课程设置和教学方式

2.1 课程设置

应该设置什么样的课程来培养学生的思辨能力呢？在国外就这一论题，学术界存在一定分歧。Lipman、Halpern、Van 等一些学者认为“思辨能力适用于各种不同的知识领域，是一项普遍技能，因而可以通过开设专门的思辨能力课程来教授”（Emily，2011）；McPeck 和 Willingham 等反对者则认为能够广泛用于不同学科领域的思辨技能并不存在，思辨能力只能依托特定学科领域的具体教学内容进行教授（Emily，2011）；还有 Ennis、Paul、Facione 等学者采取兼收并蓄的态度，认为双方都有道理，指出“思辨包括普遍性和特定性两种因素”（Emily，2011）。

那么，应该设置哪些英语专业课程来培养中国英语专业学生的思辨能力呢？诸多专家学者认为，首先有必要提升人文通识类英语专业知识课程的比重（文秋芳，2002；胡文仲、孙有中，2006；蓝仁哲，2009；常俊跃，2008，2013；等）：黄源深教授提倡开设更多的“语言、文化知识课程，包括语言学、文学、欧美文化、哲学、社会学等，比例应占60%左右”（2010）；孙有中教授建议“压缩技能课程在总课时中的比例，相应扩大专业课程知识比例”（2011）；常俊跃教授压缩了技能课程，开设了一系列“CBI内容依托课程”（2008，2013）；这些尝试目的都是基于具体的学科知识内容培养和提升学生的思辨能力。另外，孙有中教授也采纳了 Ennis、Facione 等学者的兼收态度，建议“开设一门完整的或一个学分的课程或至少是系列讲座，向学生专题介绍思辨能力的有关概念和学习方法”（2011）。由此可见，人文通识类专业知识课程以及专门的思辨课程是将来中国英语专业教学的重心课程。

2.2 教学方式

事实上，优化的人文知识类课程设置只是培养学生思辨能力的必要条件之一，没有适当教学方法保驾护航，“思辨缺席症”还是难以治愈。不可否认，“思维不能在真空中进行，头脑中的知识是暗示和推论的材料”，然而，获得知识并非高等教育的终极目标，“我们真正急需的是在获得知识的同时得到思维锻炼”（Dewey，1910）。思辨性学习者不会满足于“是什么（what）”类型的教学，而是倾向于参与探索“为什么（why）”的课堂；思辨理念下的教学方法绝对不能将学习者置于被动、接受、旁观的位置，课堂应该为学生提供一个思辨场所（workshop），“教师、学习者以及教学材料要展开积极的互动”（Dewey，1910），教师应该尽量为学生营造一个“探究”氛围，鼓励学生提出问题、分析问题和解决问题。

关于英语专业知识课程教学方式，孙有中（2011）鼓励采用“苏格拉底式教学方法（Socratic approach）”或者“圆桌讨论（seminar）”；黄源深提倡“阅读—讨论—写作”学习模式（2010）；文秋芳建议“将部分传统知识课程改造为专题研究课程”（2002）；众多方法都在强调教学方式的“疑问探究”性。

3. 文学与思辨

众所周知，文学课程是英语专业知识课程中一门传统主干课程，因而自然成为思辨理念下人文知识课程体系中不可或缺的成员之一。那么文学课程到底是否有利于学生思辨能力的培养和提升呢？

回答这一问题，首先有必要界定一下英语专业文学课程的教学内容，“文学史概论”还是“文学文本”？Dewey 在其著作《我们怎样思维》（1910）中指出反省思维式教学材料应该满足如下要求：“第一，传授的材料应该是个人观察所不易获得的。第二，传授的材料应该是一种刺激，而不是教条主义的定论。第三，传授的材料应当与学习者自身体验密切相关。”由此可见，“文学文本”的优势远远大于“文学史概论”。Iser 将文学文本的阅读视为“作者与读者的互动，文本的涵义由于有不同视角读者的体悟而得到完善”（1978）；通过阅读作品，学习者可以“主动参与文本意义的寻找、发现、创造过程，逐步养成敏锐的感受能力，掌握严谨的分析方法”（王守仁，2002）；以文本阅读作为文学学习的起点，依托具体文学文本开展教学，引导学生亲身体验文本，有利于构建主动探究、思维博弈式学习氛围，从而有助于学习者思辨能力的培养。相反，撇开文本阅读学习文学史或者概论，填鸭式地让学习者在尚未接触一手文本材料的情况下被动接受他人既成观点和定论，很可能让学习者在心智上逐渐养成依赖性和奴隶性，对他人观点俯首贴耳、毫不怀疑，再无独创性可言，这与培养思辨创新人才的目标显然背道而驰。

值得注意的是，英语专业文学课程属于FL（Foreign Language）文学，中间还涉及一个语言能力关，基于英语原著文本培养中国学生的思辨能力是否是舍近求远呢？答案是否定的。英语专业特色在于语言，抛开语言能力单纯讲思辨当然不可取，但问题关键在于语言与思辨并不是“非此即彼”的关系，而是“相互依存”的伙伴；“思维是语言的‘内核’，而语言是思维的‘外壳’”（陈原，2000）；语言的习得不是机械操练的产物，成功的语言习得必然是建立在有意义思维的基础之上的，“语言水平是提高思维水平的必要条件，反过来，思维的发展又促进语言水平的提高”（文秋芳、周燕，2006）；“优秀的 ESL 学习者必须具备主动分析、解释、评价和推断英语语言信息去获取知识的能力”（Kasper，2000），可见，思辨过程是成功学习英语不可回避的途径。

具体来看，基于文学文本阅读的英语文学课程具备哪些适于培养思辨能力的因素呢？首先，文学文本属于真实的语料，自然阅读的心智过程不可避免地涉及到思辨技巧的使用，读者在阅读过程中自然会涉及到“解释”、“分析”、“推断”、“评价”、“反思”等思辨能力组成要素，文本阅读提供了很好的思辨练习机会。其次，文学文本作为课堂教学材料使用，有助于教师设计思辨性教学活动，为学习者营造观点交锋、合作互动的学习氛围，这种有意义的互动对于思辨能力和语言能力的培养和提升都有十分积极的作用。再者，文学文本主题贴近现实生活，让读者通过阅读接触更全面的视角，感受和思索更广阔的人生，有助于塑造理想思辨者所应具备的“追求真理”、“灵活开放”、“评判成熟”、“果敢自信”、“求知好奇”等思辨性情（Facione，2011）。从理论上看，基于英语文本阅读的文学课程对于学生思辨能力的培养和提升是大有裨益的。

4. 文学课堂思辨教学模式构建

思辨理念下的英语教学倡导“启发式”、“参与式”、“探究式”、“讨论式”等互动教学模式，基于文学文本阅读英语文学课程应该构建什么样的教学模式开展教学呢？教学过程必须遵循合理的章法，否则教学活动难免沦为低效的机械活动，意义甚微。思辨理念下的英语文学课程教学应该依据贴合思辨过程的认知学习原则合理有序地组织教学活动。

4.1 派迪亚模型和布卢姆认知领域教育目标分类理论

美国哲学家莫蒂默·阿德勒（Mortimer Adler）的派迪亚模型（Paideia model）将文本阅读划分为三个阶段（如图 1）：1）探索和发现阶段；2）对所发现的信息细致审视阶段；3）将文本体验知识延展到文本之外相关领域阶段（Adler，1984）。三个阶段循序开展，前一阶段是后一阶段的准备，后一阶段是前一阶段的延伸，学习者通过亲身体验习得知识和经验，整个过程有条不紊。当然，文学课程可以参照派迪亚模型宏观组织教学活动，围绕这三个阶段设计3E’s教学步骤，整个教学过程科学合理，自然流畅。

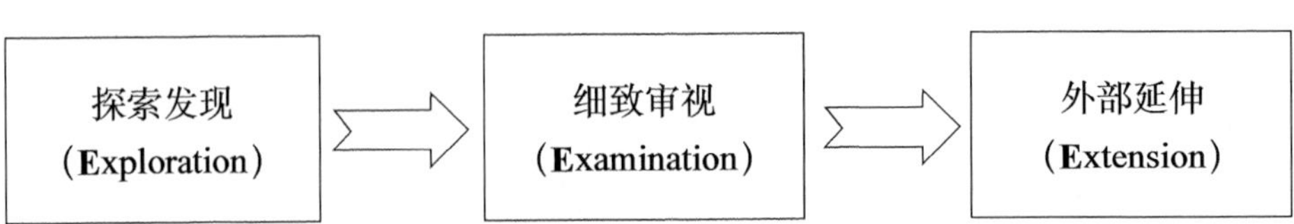

图 1 派迪亚模型 (by Adler & Van Doren)

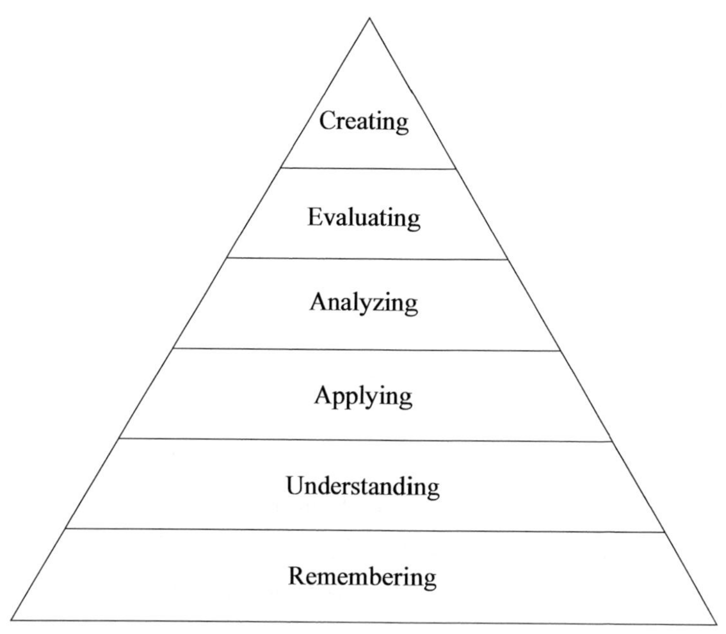

图 2　布鲁姆认知能力分类

不难发现，派迪亚模型相对宏观的阶段划分难以兼顾课堂教学细节，该模型并未规划涉及具体的思辨训练目标，教学过程还需要进一步细化，微观角度的教学活动还需要更为细致的理论依据。美国教育心理学家本杰明·布鲁姆（Benjamin Bloom, 1956）的“认知领域教育目标分类理论（Bloom's Taxonomy of cognitive tasks）”提出认知能力的六个级别为：1）知识（Knowledge）；2）理解（Comprehension）；3）应用（Application）；4）分析（Analysis）；5）组合（Sythesis）；6）评价（Evaluation）。20世纪90年代，布鲁姆的学生洛林·安德森（Lorin Anderson）将其老师的六级分类做了进一步的调整（如图 2），该模型按照认知过程的难易程度设计，从“识记”、“理解”、“应用”这些相对简单的认知能力逐渐升级为“分析”、“评价”、“创造”高级别的认知技能，而上层三种认知技能正是思辨的核心技能。文学课程的微观教学可以围绕这具体的六个级别开展，进而充实和细化派迪亚模型规划下的三大教学步骤，通过有序设计应和各个级别技能的教学问题或者任务安排组织教学，引导学生通过科学的认知路径培养认知和思辨技能，顺理成章达成最终的教学目标。

4.2 英语文学思辨教学模式

依托派迪亚模型的宏观教学方案是英语文学思辨教学模式的方向盘，在课堂教学之前教师应该设计三大教学问题，各个教学问题针对派迪亚模型的各个环节。这三个问题分别是：（1）你了解到什么？（What story have you learnt?）（2）你如何看待该事件？（How do you examine the matter?）（3）你得到了什么启示？（What lesson have you drawn?）

问题（1）所针对的是“探索发现（Exploration）”环节，该环节是其他环节开展的前提和基础，在这一环节，学习者需要了解文本的一些基本要素：时间、地点、人物、情节等等。在微观教学层次上，该环节涉及到的认知能力级别主要是“识记（Remembering）”和“理解（Comprehension）”，那么教师可以围绕这两个级别的认知能力训练设计难度不等的教学任务，例如师生问答、故事重述、课件设计展示等等，主要目的是让学习者通过积极参与了解文本内容，锻炼学习者的实际理解能力。

问题（2）所对应的是“细致审视（Examination）”环节，这一环节是第一环节的延续和追问，主要关注文本内容的细节层面，需要学习者进行积极的思考，较之第一环节增加了难度。在微观层面的认知以及思辨能力操练上，该环节主要涉及“应用（Applying）”、“分析（Analyzing）”，以及“评价（Evaluating）”三个认知级别，学习者需要穿过故事表层，发掘和回答深层次的问题，比如：叙事角度、社会历史背景、人物立场态度、行事动机、象征事物等等。教师在这一教学环节需要起到引导启发的作用，教师要站在尊重他人思维的立场上，给学习者充分的思考时间，为他们创造尽可能多的、有效的观点交换切磋机会，而决不能填鸭式地将个人观点强加于学习者。当然，为了激发学习者的主动性，让他们真正参与到教学中来，教师还需要根据故事以及文体特点设计一些新颖的教学任务，例如观点调查、课堂辩论、小组讨论等等。

问题（3）依据的是“外部延伸（Extension）”环节，第三环节是前两个环节的总结和延展，旨在升华文本学习，将文本所传达信息与外部世界建立联系，生发更深刻的思考。在微观层面上，该环节主要涉及“分析（Analyzing）”、“评价（Evaluating）”，以及“创造（Creating）”三种高级认知能力的训练，而这三种认知能力也正是思辨的核心能力。前两个学习环节的开展为第三环节的实施奠定了扎实的基础，学习者通过扎实的文本阅读以及文本解读自然生发出独立的观点和思考，他们将这些思考与外部广阔的世界建立起有意义的关联，因而对个人和世界形成了更为全面深刻的认识，这也正好印证了思辨对于个人和社会发展所起到的积极作用。在这一环节，学习者在收获文本信息的前提下跳出文本内容，关注文本所带来的启示，学习者就个人和社会发展作出相关评价，提供创造性的建议和想法；教师针对这一学习环节的特点可以考虑设计创造性的教学任务，例如思想汇报、观点写作、观点论坛等等。

总之，在宏观上，文学课堂的教学模式可以依据“派迪亚模型（Paideia model）”来构建整体框架，这种建构符合自然的阅读习惯，有利于科学有序、有条不紊地开展教学；在微观上，文学课堂的教学模式可以参照“认知领域教育目标分类理论（Bloom's Taxonomy of cognitive tasks）”细化教学目标，针对性地开展围绕思辨能力训练的教学活动，让教学任务设计能够有的放矢，真正贴合思辨能力培养目标。（如图 3）值得指出的是，宏观和微观层面的教学途径都从属于认知理念，遵从循序渐进的原则，尊重学习者的主体地位，倡导思辨能力培养，二者契合构建的立体教学模式科学合理，有助于实现思辨理念指导下的教学目标。

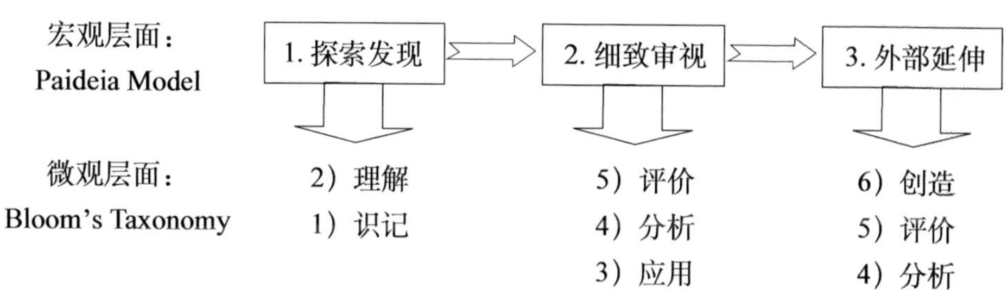

图 3　英语文学课堂教学模型

4.3 以戏剧文本《琐事》为例

为了更为清晰地展示基于思辨理念建构的英语文学教学模式，本文选取戏剧文本《琐事》（*Trifles*，1916）来详细说明。《琐事》是美国剧作家苏珊·格拉斯佩尔（Susan Glaspell）的经典独幕剧，故事情节简练却内涵深刻，该文本在篇幅长度、语言输入质量和难易程度以及思想内涵上都适合用作教学材料，是英语文学课程常用文本之一。

宏观教学层次的第一个步骤也就是要求学习者回答问题（1）“你了解到什么？（What story have you learnt?）”，就这个问题，教师需要在正式教学之前做提前布置，要求学生在课前完成文本阅读，了解文本内容；之后在课堂上，教师围绕问题（1）检查学生的阅读质量；这样的设置既可以节省课堂教学时间，也可以让学生有充分的独立阅读以及准备时间。在课堂检验环节，教师需要在微观层面上设计针对“识记”和“理解”两种基础认知能力的训练，教师可以进行简单一对一的师生问答，或者让学生互相进行细节信息补充，还可以做得更生动些——要求学生直接结组选取一个叙事角度表演出来等等。通过第一环节，学生了解到了故事的具体内容，诸如：John Wright 被谋杀了；以律师 Henderson 为首的男人们怀疑被害人的妻子 Minnie 是凶手，试图找到她的杀人动机；Hale 太太和 Peters太太跟着男人们来到 Wright 家，为的是帮暂时收押在监的 Minnie 拿两件换洗衣物；Hale 太太和 Peters 太太无意发现 Minnie 就是杀害丈夫的凶手，她们决定隐瞒这一真相；男人们最终在 Wright 家的调查毫无所获等等。以上信息基本上是由学习者通过“识记”和“理解”两种基础认知能力获得的，这些信息数据主要是事件表面内容，对学习者挑战不大。

宏观层面的第二个教学问题是（2）“你如何看待该事件？（How do you examine the matter?）”，该步骤注重较深层次的文本解读，要求学习者进一步解读在第一环节所获得的信息，互相交换和检验各自认识。第二教学环节是课堂教学的主体部分，最好完全在课堂上开展，收集学习者的一手反应，就势引导观点交锋，有利于营造真实的思辨环境，激发学习者的主动性。第二环节是第一环节的延续和追问，在微观层面上，教师围绕“应用（Applying）”、“分析（Analyzing）”，以及“评价（Evaluating）”三项较高级别认知能力的训练设计教学活动，这些教学活动目的是鼓励学习者探究表层信息背后的涵义，比如，为什么是女人们而不是男人们发现了真相？女人们发现真相后为什么要隐瞒？你如何评价 John 和 Minnie 的婚姻生活？对于 Minnie 的弑夫行为你怎么看？基于此故事，你对于当时社会背景有何推断？文本作者的态度是积极的还是消极的？事实上，针对这一部小剧能够提出许多的问题，教师的引导性提问只是一方面，还应该鼓励学习者提出各自的质疑，教师与学习者、学习者之间以课堂教学为平台，通过圆桌讨论（seminar）、观点辩论、小组讨论等教学活动回答疑问、交换观点和验证论题。这一环节是整个教学设计的中心环节，课堂教学的参与者（教师和学生）通过合作辩驳，一方面完善了各自对于文本相对片面的认识，另一方面也通过真实的课堂任务锻炼了思辨能力和英语语言能力。

对于“你得到了什么启示？（What lesson have you drawn?）”教学问题的回答是整体教学设计的最后一个环节，这一环节是对文本学习的一个总结。文本阅读和学习成为学习者积累知识的源泉，沉淀思想的引子，学习者受文本内容的启发，在文本内涵探究的基础上开阔了视野，加深和提升了对于自身和社会的认识。微观层面上，该环节关注“分析（Analyzing）”、“评价（Evaluating）”，以及“创造（Creating）”三项高级认知思辨能力，教师可以考虑大部分训练在课后操作，教师可以在课堂上引发思考，就自身所获启示做示例性展示，鼓励学生结合社会现实进行写作或者小品剧创作，之后再通过适当的公共平台对学习者习作进行观摩展示和评价。比如说，戏剧《琐事》可能会引发学习者关于女人处境、婚姻生活、男女差异、公平正义等诸多话题的思考，学习者完全可以就某一话题进行写作或者短剧创作；自此，整个教学设计不仅关注到了思辨能力的培养和提升、文学人文知识的学习和积累，也在有意义的教学氛围下涵盖了听、说、读、写等多种传统语言技能的训练，可谓“一石三鸟”。

5. 结语

思辨能力的培养，无论之于个人成长还是社会发展都具有十分重要的意义，高等学校教育的责任不在于生产被动运转的机器，也不在于出版无所不知的百科全书，而是要培养塑造具备独立思考以及创造能力的人。当然，“思辨”也会是解除英语专业教育痼疾的一剂良药，让机械的语言操练回归到人本教育上来，培养学习者的思辨能力才是英语专业可持续发展的动力。希望本文关于思辨理念下英语文学课堂教学模式的建构方案，能为今后英语专业其他科目的教学起到抛砖引玉的启示作用。

参考文献

Adler, J. M. (ed). 1984. *The Paideia Program: An Educational Syllabus* [M]. London: Macmillan Publishing Co.

Bloom, B. S. 1956. Taxonomy of Educational Objectives: The Classification of Educational Goals. *Handbook I: Cognitive Domain* [M]. New York: David McKay Company, Inc

Browne, M. N. & Keeley, S. 2007. *Asking the Right Questions: A Guide To Critical Thinking (8th ed)* [M]. New Jersey: Pearson Education.

Dewey, J. 1910. *How We Think* [M]. Boston: D.C. Heath & Co.

Emily, R. L. 2011. Critical Thinking: A Literature Review [DB/OL]. http://www.pearsonassessments.com/research.

Facione, P. A. 2011 update. Critical Thinking: What It Is and Why It Counts [DB/OL]. http://www.student.uwa.edu.au/__data/assets/pdf_file/0003/1922502.

Iser, W. *The Act of Reading: A Theory of Aesthetic Response* [M]. Baltimore: The Johns Hopkins University Press.

Kasper, L. F. 2000. *Content-Based College ESL Instruction* [M]. Mahwah, NJ: Lawrence Erlbaum Associates.

Moore, N. & Parker, R. 2009. *Critical Thinking (9th ed)* [M]. New York: McGraw-Hill.

常俊跃，2013，英语专业“内容・语言”融合教学整体课程体系改革的教学效果分析[J]，《语言教育》（1）：13-18。

常俊跃、赵秀艳、李莉莉，2008，英语专业低年级阶段系统开展内容依托教学的可行性探

讨 [J]，《外语与外语教学》（12），24-30。
陈原，2000，《社会语言学》[M]。北京：商务印书馆。
胡文仲，孙有中，2006，突出学科特点，加强人文教育 [J]，《外语教学与研究》（5）：243-247。
黄源深，2010，英语专业课程必须彻底改革——再谈“思辨缺席”[J]，《外语界》（1）：11-16。
蓝仁哲，2009，高校外语专业的学科属性与培养目标 [J]，《中国外语》（6）：4-8，16。
李莉文，2010，试析英语专业技能课程与批判性思维能力培养的关系 [J]，《中国外语》（11）：68-73。
孙有中，2011，突出思辨能力培养，将英语专业教学改革引向深入 [J]，《中国外语》（5）：49-58。
王守仁，2002，应该终结“文学史+选读”模式 [J]，《郑州大学学报》（5）：10-11。
文秋芳，2002，英语专业创新人才培养体系的研究与实践 [J]，《国外外语教学》（4）：12-17。
文秋芳，周燕，2006，评述外语专业学生思维能力的发展 [J]，《外语学刊》（5）：76-80。
张中载，2003，外语教育中的功用主义和人文主义 [J]，《外语教学与研究》（6）：453-457。

英语专业 CBI 课程改革背景下的外语教师知识与教师心理
——一项基于 CBI 教师反馈的调查研究

夏　洋　赵永青
大连外国语大学英语学院

摘要： 本研究运用定性与定量相结合的研究方法，探讨内容依托式课程改革背景下，外语教师在教师知识和教师心理方面的现状、面临的挑战以及两者间的相关性。结果显示：教师重视相关学科知识的获取，但学科知识的来源比较单一且准备不足。教师对自身学科教学法知识的来源不太明确且对其重视程度不高。在教师心理方面，虽然总体上教师自我效能感较强，但专业背景与所教课程不一致的教师对自身的角色定位产生了困惑，教师同时存在一定的迷失感、焦虑感和心理压力。内容课程教师的教师知识与教师心理总体上呈现显著低度正相关关系（$r=0.356$，$p<0.05$）。

关键词： CBI 课程改革；教师知识；教师心理

1. 引言

内容依托教学理念（Content-Based Instruction，简称 CBI）提倡围绕学生需要获得的内容知识体系或信息组织教学，以达到内容教学和语言教学互相促进、共同提高的目的（Richards & Rodgers, 2001）。目前，国内研究者对在我国实施内容依托教学的可行性和相关教学效果进行了初步探讨，相关教学实验结果也显示 CBI 外语教学模式对学生内容知识的学习和语言技能的提高都起到了积极的效果（常俊跃、赵永青，2010；袁平华，2010；常俊跃、夏洋，2011）。但这些研究多以学习者为着眼点，却忽视了 CBI 教学模式下，参与教学的“教师”这一重要因素。因此，本研究以问卷调查和访谈为主要研究工具，探讨 CBI 课程改革背景下，外语教师在教师知识和教师心理方面的现状、面临的挑战以及两者间的相关性。

2. 核心概念界定与文献综述

本研究所指的“教师知识”是教师的知识基础。Shulman（1987）首先提出教学需要七类教师知识的支撑。之后，其他学者也对教师知识做了不同的分类，但大多包含了学科内容知识、一般教学法知识和学科教学法知识（Borg, 2006；

Grossman, 1995；Tsui, 2003）。

本研究对于教师知识的探讨，主要集中在学科内容知识和学科教学法知识两个方面。学科内容知识指一门学科的事实性知识、组织原则和中心概念。而学科教学法知识是学科知识和教学法知识的整合，是教师自己对专业理解的特定形式（Shulman, 1987）。教师如何发展和建构个人知识基础，教师知识的来源和影响因素等方面是教师知识研究不可或缺的方面（Mann, 2005: 107）。Feiman-Nemser 和 Parker（1990）、钟任琴（1997）、张燕婷（1998）的研究发现有经验教师的教学经验、同事间的交流、教师进修活动等是新教师的学科内容知识和学科教学法知识的重要来源，并能够较好地帮助他们发展专业知识。范良火（2003）对美国芝加哥25所高中数学教师的教学知识发展调查显示，教师“自身的教学经验和反思”以及“和同事的日常交流”是他们发展自身学科教学知识的重要来源。本文综合以上研究结果主要从以下5个方面调查研究 CBI 教师的知识来源：研究生时学习的专业知识内容、阅读专业资料和文献、CBI 教学专业培训和有组织的专业活动、与同事的日常交流、有经验教师的传授。

本研究主要从教师的自我效能感、教师角色认同和教师职业压力三方面探讨 CBI 课程改革对教师心理的影响。

最早由Bandura（1977）提出的自我效能感是指个体对自己在特定的环境中能否完成某种行为活动的预期和信念，它“能够反映出一个人的行为的性质和范围，特别是个体在面临困难时的坚持性和努力程度”（王振宏，2001）。近年的研究证实教师自我效能感与教师知识之间存在着一定的相关与互动。Park 和Oliver（2008）就曾指出教师自我效能感的提升有助于教师获取更多学科教学法知识，自我效能感与学科教学法知识紧密相关。Swackhamer, et al.（2009）也认为学科内容知识的增长直接有助于在职教师自我效能感的提升。Ertmer 和 Ottenbreit-Leftwich（2010）的研究证实了教师在应用信息技术教学的过程中，教师知识、自我效能感和教学信念等因素间的相互作用与影响。

教师角色主要是指教师所具有的与其社会地位、社会身份相联系的被期望行为。Tan（2011）的研究显示：教师将自己仅定位为“学科内容教师”或仅为“语言教师”的角色信念不仅影响了 CBI 教学实践，也影响了学生的语言学习。Cammarata（2006）认为，教师对自身教学实践的理解，主要源于自身已有的专业知识水平，因此专业知识水平的提升有助于教师建构职业角色。

教师的职业压力主要是指社会对教师的职业要求超越教师个体能力水平的状态，及由此产生的焦灼不安等一系列不良情感体验。Huberman 的研究就指出教师在职业发展中的几个关键阶段，都会经历忧虑和沮丧等心理压力（转引自van Dick & Wagner, 2001）。在教师压力来源研究方面，Chan 和 Hui（1995）对香港

415名中学教师进行了压力来源的比较调查，其结论是：有价值的额外工作任务并不会产生过多的压力。傅维利和刘磊（2004）指出教育改革是引发教师压力的重要情境之一。在压力的处理策略方面，Griffith, et al.（1999）的研究表明，社会支持和有效处理方式会相对降低教师压力。在 CBI 课程改革的过程中，教师同样经历着不同程度的职业压力。Cammarata（2010）就曾指出，教师在体验 CBI 教学时，对自身的"专业性"角色产生了质疑，在一定程度上消减了对自身教学能力的信心，随之产生了诸如焦虑、迷失、不胜任感以及一定的职业压力。

以上综述表明，教师知识，尤其是学科内容知识和学科教学法知识及其来源方式是影响教师心理并制约教师专业发展的重要因素。CBI 课程改革过程中教师知识水平能否达到改革的要求，会对教师的自我效能感、角色认同和职业压力产生直接的影响，也关系着 CBI 课程改革的成败。

3. 研究设计

3.1 研究对象

本次调查的对象为某外国语大学32名参与 CBI 课程改革的教师。为了便于讨论，研究者依据教师的个人专业背景与所教 CBI 课程内容是否一致，将其分为 A、B 两类：A 类是专业背景与所教 CBI 课程内容一致的教师；B类是专业背景与所教 CBI 课程内容不一致的教师，比如语言学、文学、翻译研究专业背景的教师在讲授对象国历史、地理、西方哲学思想、中国哲学思想、西方文明史等 CBI 课程。

3.2 研究问题

（1）在 CBI 课程改革背景下，CBI 教师知识来源有哪些、教师心理现状如何，面临哪些挑战？（2）A、B 两组教师在教师知识和教师心理两方面是否存在差异？（3）CBI 教师知识基础是否影响了教师心理？

3.3 研究工具和方法

本研究首先通过质的研究方法确定问卷内容。研究者以"CBI 课程改革对您的知识和心理带来了哪些挑战"为话题，对研究对象进行了访谈。研究者在访谈转录、阅读原始资料等步骤基础上，确定了本次调查研究的主要内容：在教师知识层面，CBI 教师的学科内容知识和学科教学法知识两方面面临挑战最大；在教师心理方面面临的挑战，则主要集中在教师自我效能感、教师职业角色和教师职业压力三个方面。

然后，研究者针对访谈得到的主要研究内容，并参考范良火（2003）、杨翠蓉等（2005）、吴增强和沈之菲（2008）以及Cammarata（2009）的相关研究成果编制了调查问卷。调查问卷由47个题项构成，以里克特5级量表的方式呈现。运用 SPSS 17.0 软件进行的内部一致性检验结果表明：本次调查所用问卷总信度（Cronbach α）为 0.775，说明该问卷是可信度较高的测量工具。问卷内容包括教师知识、教师教学能力和教师心理三个部分。由于篇幅所限，本文仅对本次调查中的教师知识和教师心理两个方面的调查结果进行报告和分析。

最后，研究者对全部32名 CBI 教师进行了问卷调查，并对其中5名教师进行了半结构化访谈，获得 CBI 教师对问卷题项更加深入的解释，以弥补问卷调查的不足。

4. 结果与讨论

4.1 CBI 教师学科内容知识的来源及面临的挑战

本研究首先调查了教师对学科内容知识的重视程度及其来源。调查结果显示：教师比较重视课程所需的学科内容知识的获取，两组教师的学科内容知识的来源基本一致。针对问卷中“我优先发展自己的专业方向，而后再考虑 CBI 学科内容知识的发展”这一题项，B 组教师几乎持否定态度（均值为2.824），A 组教师反馈均值为 3.000。可见，即便在与自身专业方向不一致的情况下，教师也愿意通过不同渠道优先获取 CBI 学科内容知识。究其原因，我们认为 CBI 课程改革给先前主要从事语言技能教学的外语教师带来了巨大的挑战，为了实现 CBI 课程设定的教学目标，A 组教师必须梳理、整合自己原有的学科内容知识；而 B 组教师则必须在短时期内学习并掌握学科内容知识。CBI 课程改革意味着外语教师的“转型”，因此他们十分重视 CBI 教学过程中对学科内容知识的获取，拓展自身的知识内容和结构，以适应 CBI 课程教学的需要。

但调查数据同时显示：“阅读专业资料和文献”是教师学科内容知识的主要来源（均值为4.281）。而对以下学科内容知识来源的反馈均值偏低：“专业培训和有组织的专业活动”（均值为2.438）、“与同事的日常交流”（均值为2.438）和“有经验教师的传授”（均值为2.188）。访谈中，一位B组教师就提到“开设 CBI 课程的最初阶段，面临的困难较多，最主要的就是课程内容与自己专业方向不同，只能参考各种图书和网上资源恶补相关知识。刚开始教学时，自己的知识不成体系，抓不到 CBI 课程内容重点难点，没有类似课程可以借鉴，需要自己边做边摸索。如果能有一个教研组，大家互相交流授课内容，我们可能在学科知识方面提高得更快。”

综上可见，CBI 教师学科内容知识准备不足、且缺乏获取学科内容知识的多元途径。我们认为，造成这种状况的客观原因可能是 CBI 课程改革仍处于初始阶段，开设同一课程的教师少，缺乏经验丰富的教师指导，很难开展多人参与的教研活动。同时，外语教师也缺乏与其他相关学科教师间的跨学科学术交流（Troncale, 2002）。但是，从课程改革的长远效果上看，较为单一的知识来源会导致教师学科知识的不足，从而使课程内容的深度和广度难以达到教学目标的要求，更难以保证学科知识教学的“学科性”和“系统性”，最终会阻碍 CBI 课程的实施。所以，教育管理者和教师都应该重视这一问题的严重性，尤其应在 CBI 课程改革初期，积极拓展教师学科知识的来源渠道，组建同一学科教师实践共同体，帮助教师克服学科内容知识不足的困难。

4.2 CBI教师学科教学法知识的来源及面临的挑战

针对 CBI 教师学科教学法知识来源的调查结果显示：CBI 教师学科教学法知识的来源单一，两组教师差异不显著。“阅读相关专业文献”仍是获取学科教学法知识的主要来源（均值分别为3.533和3.765）。对于学科教学法知识的其他来源，按照反馈数据均值降序排列为：“同事的日常交流”、“专业培训和有组织的专业活动”、“有经验教师的传授”和“作为学生时老师的示范”。独立样本 t-检验数据（详见表 1）显示：A、B两组教师在学科教学法知识的各来源方面虽有差异，但差异均不显著（p值均大于0.05）。

表 1　CBI 教师学科教学法知识主要来源

	全体教师均值（N=32）	A组教师均值（N=15）	B组教师均值（N=17）	显著性（p）
阅读相关专业资料和文献	3.657	3.533	3.765	0.416
同事的日常交流	2.969	2.933	3.000	0.876
专业培训和有组织的专业活动	2.719	2.933	2.529	0.326
有经验教师的传授	2.625	2.800	2.471	0.452
作为学生时老师的示范	2.406	2.733	2.118	0.117

CBI 教师在学科教学法知识上面临的主要挑战体现在：对于具体学科教学法知识的运用存在较大困惑。调查结果显示：尽管教师不认为“CBI 学科内容知识的教学方法与语言技能的教学方法完全相同”（均值为1.969），也并不认同“可以将语言技能课的教学方法直接用于 CBI 课程的讲授中”的说法（均值为2.156）。但是，教师对于“具体选择何种教学方法来讲授学科内容知识”并不确定。接受访谈的某老师就提到：“在讲授 CBI 课程时，我经常借鉴其他语言技能类课程的教学方法，适当调整以适应 CBI 课程的教学，但在选择具体的教学方法时，只能是依据个人的理解。”可见，CBI 教师都不太清楚语言技能课的教学方法与 CBI 课程的教学方法有何不同。在操作方面，CBI 教师对如何根据 CBI 课程内容，选择运用适合相应学科内容的教学方法存在较大的困惑。

我们认为，目前外语教师对学科教学法知识的认识比较模糊，许多教师认为掌握了相关学科知识，就掌握了相关学科的学科教学法知识。教师在忙于学习学科内容知识的同时，很难兼顾学科教学法知识的研究和总结。期望通过“阅读相关专业文献”获取学科教学法知识的想法也是不现实的，因为“真正的学科教学法知识，不只是教学法书上有关某一领域内容如何教学的建议，而是教师对具体教学内容进行教学法处理的知识和经验”（姜美玲，2006：81）。从本质上说，学科教学法知识是一种教师个人的“行动中知识”（韩刚，2011：215）。可见，在 CBI 课程改革的过程中，我们不能只重视教师的学科内容知识，还要重视授之以渔，有必要适时地组织教师开展行动研究，学习相关学科教学法知识，及时总结和反思教学，以确保 CBI 课程的顺利开展。

4.3 CBI教师心理的现状及面临的挑战

CBI 课程改革是外语教师寻求自身发展的一次难得机遇，为外语教师提供了一个有助于扩大教师视野的学习机会，为教师自身发展提供了空间（Cammarata, 2009: 568），但同时也对外语教师提出了更高的要求，打破了外语教师惯用的语言技能教学模式和教学方法，也在一定程度上对教师心理产生了影响。调查数据（详见表 2）显示：A、B 两组教师在教师心理方面，总体差异不显著（$p=0.068>0.05$），但在自我效能感、角色认同和职业压力各层面体现如下特点：

表 2　两组教师在教师心理层面的独立样本t-检验结果

	教师心理	自我效能感	教师角色	职业压力
A组教师均值（N=15）	3.337	3.911	3.981	2.448
B组教师均值（N=17）	3.125	3.667	3.412	2.605
显著性（p）	0.068	0.379	0.001**	0.578

** p<0.01

首先，教师对自我效能感整体评价较高，组间差异不显著。数据显示，A、B两组教师对自我效能感的反馈均值分别为3.911和3.667，独立样本 t- 检验结果显示，两组教师差异不显著 (t=0.894, p>0.05)。两组教师都认为自己能够“很好地解决学生在学习 CBI 课程中的相关问题”、“改变绝大多数学习 CBI 课程有困难的学生”并“通过使用适当的教学方法，帮助学生学好 CBI 课程”。尽管如此，A组教师在各项的得分均值略高于B组的教师，说明A组教师自我效能感更强，他们更有信心完成 CBI 教学任务。而接受访谈的一位B组教师说：“由于自身的专业背景与授课内容并不一致，对于讲授内容的深度和广度的把握都存在一定不足。在一些情况下不能及时回答学生提出的问题，对自己的自信心造成了一定的打击”。可见，专业知识背景对教师自我效能感产生了一定的影响。

其次，在教师角色方面，两组教师反馈结果差异较大，独立样本 t- 检验结果显示，两组教师呈现显著性差异（t=3.53, p<0.01）。这说明A组教师非常清楚自己在 CBI 课程教学中的角色。他们不仅把传授“CBI 学科内容的知识”作为己任，而且把自己定位为“课程指导者”、“课程开发者”、“学术顾问”和“CBI 学科知识的研究者”。相比之下，B 组教师对自身作为“知识传授者”或“学术顾问”的职业角色产生了怀疑。正如一位 B 组教师所言：“在开始 CBI 课程之前，我对相关学科知识了解不多，都是边学边讲。我一边做学生一边做教师，甚至学习的成分更多一点。有时候想给学生介绍一点学科知识的学习方法，但总是心有余而力不足。不再像原来教语言技能时那样，可以游刃有余地给学生提建议、做指导了。”可见，CBI 教师在角色认同方面，更多地将自己定位于“CBI 学科内容知识的学习者”。

最后，在职业压力方面，A、B两组教师似乎都没有感到过大的压力（均值分别为2.448和2.605），独立样本 t- 检验结果显示，两组教师差异不显著（t= 0.563, p>0.05）。访谈中有B组教师说：“尽管所教的内容自己原先不是很熟悉，比如圣经与文化，希腊罗马神话等，但是所教的内容实际上对自己的知识结构有益，多学习这些内容对自己有好处，所以也不觉得有太大的压力。”教师的这一观点印证了Chan & Hui（1995）的结论。但也有个别B组教师反映：“CBI 课程从一开始就给教师自身带来了一定的压力。由于要重新学习专业知识，并内化传授给学生，备课压力大，准备时间短，使得工作压力与心理压力都很大。”教师也反映，由于需要不断实践并调整适合 CBI 教学的教学方法，这一迷茫和尝试的过程也是教师压力的直接来源。此外，CBI 课程备课量大，以及教材选编、课件制作、考试命题等一系列教学实施方面的新问题也给教师带来了一定的压力。

总体上看，教师自我效能感和压力方面似乎在 CBI 课程改革中没有受到很大的影响。然而，我们发现，将自身角色定位为“CBI 学科内容知识学习者”的教师，却认为自己有能力“很好地解决学生在学习 CBI 课程中的相关问题”，也能够“改变绝大多数学习 CBI 课程有困难的学生”。我们认为，调查中出现的这一矛盾，实际上反映出部分教师对自我效能感评价较高的“盲目性”。

4.4 CBI教师知识对教师心理的影响

本研究发现 CBI 的知识基础与教师心理之间存在着一定的相关性。对本研究数据进行的 Pearson 相关分析（详见表 3）显示：CBI教师知识与教师心理总体上呈显著低度正相关关系（$r=0.356$，$p<0.05$）。具体而言，CBI 教师的知识基础与教师自我效能感（$r=0.412$，$p<0.05$）和职业角色认同（$r=0.453$，$p<0.01$）都呈显著中度正相关关系；CBI 教师知识与职业压力之间呈低度负相关（$r=-0.119$），但未达到显著水平（$p>0.05$）。

表 3　CBI教师知识与教师心理的 Pearson 相关分析结果

		教师心理	自我效能感	教师角色	职业压力
教师知识	Pearson相关性（r）	0.356*	0.412*	0.453**	−0.119
	显著性（p）	0.046	0.019	0.009	0.518

* $p<0.05$　** $p<0.01$

以上数据说明，CBI 教师对自身知识基础的评价越高，其心理水平总体也呈上升趋势。CBI 教师知识水平的提升，在促进教师自我效能感的同时，也对教师自身多重职业角色认同起到了积极的作用。调查数据也证实：CBI 教师知识与职业压力之间呈低度负相关，虽然没有达到统计学意义的显著水平，但也说明 CBI 教师知识的提升有助缓解 CBI 课程改革给外语教师带来的职业压力。B组教师在访谈中就指出："在教学中不断学习和充实相关学科知识，慢慢地自己对CBI教学也越来越有信心了。尤其是自己对学科知识形成了系统的知识网，解答学生问题或是指导学生课外阅读时，也感觉自己有一定的专业权威性了。"

据此我们认为，在CBI课程改革过程，教师知识的不断丰富及教学经验的积累，有助于教师改变对自身教学活动的评价，使教师的自我效能感呈现上升趋势，教师的压力也逐渐减轻。同时，教师自我效能感又反之影响教师获取学科知识的努力程度、促使教师的教学策略和教学方法的改革。因此，教育管理者应该认识到教师知识与教师心理之间的相辅相成的关系，既关注教师的专业知识水平，又关照教师的心理需求。鉴于教师知识对教师心理的积极影响，在CBI课程的初始阶段，为CBI教师开设相关学科知识课程将是提高教师自我效能感，减轻教师职业压力的有效途径。

5. 结语

本研究结果显示：在CBI课程改革背景下，（1）外语教师重视相关学科知识的获取，但学科内容知识的来源比较单一。（2）CBI教师对自身学科教学法知识的来源不太明确，且对其重视程度不高，对如何选择适合于CBI教学的教学方法认识较模糊。（3）在教师心理方面，虽然总体上教师自我效能感较强，但专业背景与所教CBI课程不一致的教师对自身的角色定位产生了困惑，同时存在一定的迷失感、焦虑感、不胜任感以及一定的职业压力。（4）CBI教师知识与教师心理总体上呈现显著低度正相关关系。

本研究给我们的启示是：课程改革无疑给外语教师带来了挑战，若要推动改革并保证改革的最终成功，教育管理者应充分认识教师知识、教师心理与改革的最终成功的相关性。CBI课程改革的成功不能仅仅依赖教师本身的努力，教育管理者还应从教师职业发展的角度提供相应的保障。教育管理者应充分发挥行政职能为教师拓宽学术交流的渠道，聘请专家对教师进行专业指导，组建同一学科教师的学习共同体，通过多种途径解决教师学科知识不足等困难。

事实上，本次调查中所涉及的CBI课程改革在提高学生的语言能力和学科知识水平两方面都取得了积极的效果（常俊跃、赵永青，2010）。但正是在此背景之下，我们才应该更加关注CBI教师职业发展的现状，了解教师面临的困难，研究解决方法，以保证CBI课程改革的进一步推进和深入。

本研究还存在一定的局限性：参与调查的教师人数较少，涉及范围较小，教师个人反馈的数据主观性较大。另外，本研究涉及CBI教师发展的多个层面，具有一定的广度，但每个具体层面的深度不足，研究者在今后的研究中将针对各层面进行更加深入的研究和探讨。

参考文献

Bandura, A. 1977. Self-efficacy: toward a unifying theory of behavioral change [J]. *Psychological Review* 84(2):191-215.

Borg, S. 2006. *Teacher Education and Language Education* [M]. London: Continuum.

Cammarata, L. 2006. *Understanding and Implementing Content-Based Instruction: An Exploration of Foreign Language Teachers' Lived Experience* [D]. PhD Dissertation. Ann Arbor: the University of Minnesota.

Cammarata, L. 2009. Negotiating curricular transitions: foreign language teachers' learning experience with content-based instruction [J]. *The Canadian Modern Language Review* 65(4): 559-585.

Cammarata, L. 2010. Foreign language teachers' struggle to learn content-based instruction [J]. *L2 Journal* 2(1): 89-118.

Chan, D. & E. Hui. 1995. Burnout and coping among Chinese secondary school teachers in Hong Kong [J]. *British Journal of Educational Psychology* (65): 15-25.

Ertmer, P. & A. Ottenbreit-Leftwich. 2010. Teacher technology change: how knowledge, confidence, beliefs, and culture intersect [J]. *Journal of Research on Technology in Education* 42(3): 255-284.

Feiman-Nemser, S. & M. Parker. 1990. Making subject matter part of the conversation in learning to teaching [J]. *Journal of Teacher Education* 41(3): 32-43.

Griffith, J., A. Steptoe & M. Cropley. 1999. An investigation of coping strategies associated with job stress in teachers [J]. *British Journal of Educational Psychology* (69): 517-531.

Grossman, P. 1995. Teachers' knowledge [A]. In L. Anderson (ed.). *International Encyclopedia of Teaching and Teacher Education* (2nd edition) [C]. Oxford: Pergamon.

Mann, S. 2005. The language teacher's development [J]. *Language Teaching* (38): 103-118.

Park, S & J. Oliver. 2008. Revisiting the conceptualisation of Pedagogical Content Knowledge (PCK): PCK as a conceptual tool to understand teachers as professionals [J]. *Research in Science Education* 38(3): 261-284.

Richards, J. & T. Rodgers. 2001. *Approaches and Methods in Language Teaching* [M].

Cambridge: Cambridge University Press.

Shulman, L. 1987. Knowledge and teaching: foundations of the new reform [J]. *Harvard Educational Review* 57 (1): 1-21.

Swackhamer L., et. al. 2009. Increasing the self-efficacy of inservice teachers through content knowledge [J]. *Teacher Education Quarterly* 36(2): 63-78.

Tan, M. 2011. Mathematics and science teachers' beliefs and practices regarding the teaching of language in content learning [J]. *Language Teaching Research* 15(3): 325-342.

Troncale, N. 2002. Content-based instruction, cooperative learning, and CALP instruction: addressing the whole education of 7–12 ESL students [OL]. *Columbia University Working Papers in TESOL & Applied Linguistics* 2(3). Retrieved from http://journals.tc-library.org/index.php/tesol/article/viewArticle/19/23.

Tsui, A. 2003. *Understanding Expertise in Teaching: Case Studies of Language Teacher Development* [M]. Cambridge: Cambridge University Press.

van Dick, R. & U. Wagner. 2001. Stress and strain in teaching: a structural equation approach [J]. *British Journal of Educational Psychology* (71)：243-259.

常俊跃、夏洋，2011，中国背景下英语专业内容依托教学的效果研究 [J]。《中国应用语言学》 34(3)：25-38。

常俊跃、赵永青，2010，学生视角下的英语专业基础阶段“内容•语言”融合课程体系 [J]。《外语与外语教学》(1)：13-18。

范良火，2003，《教师教学知识发展研究》[M]。上海：华东师范大学出版社。

傅维利、刘磊，2004，论教育改革中的教师压力 [J]。《中国教育学刊》 (3)：1-5。

韩刚，2011，《英语教师学科教学知识的建构》[M]。上海：上海外语教育出版社。

姜美玲，2006，教师实践性知识研究。博士学位论文 [D]。上海：华东师范大学。

王振宏，2001，国外教师效能研究述评 [J]。《心理学动态》 (2)：146-150。

吴增强、沈之菲，2008，《教师生涯中的心理成长》[M]。上海：上海科技教育出版社。

杨翠蓉、胡谊、吴庆麟，2005，教师知识的研究综述 [J]。《心理科学》 28(5)：1167-1169。

袁平华，2010，大学英语课程改革与以学科内容为依托的语言教学模式 [J]。《外语界》 (3)：7-13。

张燕婷，1998，教师学科教学知识之研究——以国中英语课为例。硕士学位论文 [D]。台北：台湾师范大学教育研究所。

钟任琴，1997，国小实习教师专业践行及其影响因素之研究——从校长评鉴及实习学校环境之角度探讨[J]。《国民教育研究学报》 (3)：263-294。

高校英语教师思辨能力培养模式初探
——俄勒冈大学思辨网络课程的思考和启示

蒋海燕　胡小莹
中央民族大学外国语学院

摘要：在英语专业学生思辨能力培养不断受到重视的今天，教师思辨能力培养的重要性也突现出来。本文介绍了美国俄勒冈大学英语学院思辨能力教学网络课程的成熟师资培训范例和中央民族大学的思辨能力工作坊项目。文章从培训框架、培训内容、专家指导、技术支持、学习机制、学习评价及有效性保证等七个方面，提出了一个借鉴国外先进经验并适合中国教师的思辨能力培养模式。
关键词：教师思辨能力；工作坊；培养模式

1. 引言

近些年，英语专业学生的思辨能力培养成为了外语界研究的焦点。李美霞（2013）曾对国内的思辨能力研究现状进行了总结。该文章从论文数量、立项数量及研究内容三个大方面对1998至2011年间的研究进行了梳理。 特别在研究内容方面，总结了全国范围内英语专业思辨能力研究集中的六个方面：（1）对“思辨缺席”原因的探索；（2）对“思辨能力缺席”解决方案的提出；（3）对“思辨能力缺席”的实证研究；（4）“思辨能力”培养和英语专业课程设置的研究；（5）“思辨能力”培养和具体专业课程教学方式和方法研究；（6）思辨能力量具的研究。 从文中的数据可以看出外语界专家对英语专业学生思辨能力现状的担忧和对提高学生思辨能力具体方法进行的研究的热情，但数据中也显示针对教师思辨能力培养的研究还是一个空白。

教师的思辨能力培养应该先于学生的思辨能力培养，而且应该是一个系统的和持续的过程。孙有中（2011）指出在加强思辨能力培养的英语专业教学改革涉及人才培养模式的各个环节中，最关键的环节莫过于教师的发展。毋庸置疑的是，只有英语专业教师了解思辨能力的核心技能，懂得如何在课堂上创造积极的思辨能力培养氛围，并成为一个具备思辨能力的人，才能进而培养学生的思辨能力。但迄今为止，针对教师思辨能力的培养，全国范围内还没有一个成熟的培养模式。他山之石，可以攻玉。国外相对比较成熟的培养方式无疑可以为我们提供借鉴。

笔者参加了美国俄勒冈大学英语学院为全球多个国家和地区的英语教师开设

的思辨能力教学网络课程。本文希望通过介绍和分析这个网络课程，再结合国内教师的特点，对如何构建一个适合高校教师思辨能力培养的模式进行探讨。

2. 俄勒冈大学思辨能力教学网络课程介绍

美国国务院教育和文化部每年为非美籍人士提供很多文化交流的项目（http://exchanges.state.gov/non-us）。俄勒冈大学英语学院的思辨能力教学网络课程隶属于其中的 E-teacher Scholarship Program。每期课程时长为十周，接受培训的是来自全球70多个国家和地区的获得美国国务院奖学金资助的一线英语教师。希望参与此培训项目的老师需要登陆网站提交选课申请，陈述选课理由，成功获得奖学金后会得到通知。之后课程老师会通过电子邮件指导如何加入课程学习。

2.1 课程模式、目标、授课方式及内容

课程授课老师 Agnieszka Alboszta 介绍该课程采用的是建构主义教学模式（Constructivist Model）下的支架式教学（Scaffolding Instruction），强调以学生为中心，在实践中学习；老师扮演一个辅助学习的角色。通过十周的学习，参与教师能够深化对思辨能力理论和实践的理解，并学习如何将其运用在二语课堂当中，解决教学中的实际问题。具体的教学目标为：

（1）能够理解并能阐述思辨能力的核心概念和模式；

（2）能够搜寻并获取与发展和运用思辨能力相关的资源；

（3）能够通过识别和分析教学技巧和教学材料把思辨能力培养融入教学中；

（4）能够把思辨能力运用到课堂教学和教材的研发中：能够重新设计单独课程教案及单元教案，体现思辨能力训练。

网络课程的学习模式主要是线下自我学习和线上讨论。授课教师每周会把相应的课程说明、资源、任务等在网上发布。

表1列出了十周课程的具体内容，每周的课程可以分为三部分。第一部分是阅读：每周都有大量的阅读文章，大约需要花费四到五个小时的时间完成阅读任务。第二部分是课堂讨论：根据每周所阅读的内容，会有数量不等的讨论题目让所有的学员进行网上的自由讨论。每个学员都需要根据题目要求首先提交自己的学习心得或反思日志，然后再对其他学员提交的心得进行反馈；在讨论中，一定要引用所读文献材料来进行观点支持。通过网上的阅读和反馈，再阅读再反馈，学员不断地深化对单元内容的理解。第三部分是课程任务：十周的课程一共有四个教案设计任务，要求个人独立完成或是小组合作完成。因为参与课程的学员都是来自各个国家的一线英语教师，因此课程任务设计与学员自身的教学高度契

合，具有高效的指导性。

表 1　俄勒冈大学思辨能力网络课程内容

	阅读内容	课堂讨论	课程任务
第一周	（1）思辨能力的定义 （2）智性特质	思辨能力的定义和智性特质	
第二周	（1）Bloom 的教育目标分类 （2）Paul & Elder 的思辨能力三元模型之一的思想要素	思辨能力体系	课程设计第一部分A：学员使用思想要素分析一个所授课程的教案。
第三周	（1）智力标准 （2）苏格拉底式提问教学	苏格拉底式提问教学	课程设计第一部分B：以小组为单位，使用智力标准分析某一个学员在第二周所写的课程分析。
第四周	（1）如何写教案 （2）教学目标和教学策略 （3）思辨能力发展（选读）	以小组为单位，完成教学目标的评价。	从思辨的角度，学员分析自己在第一周提交的所教授课程的教案，提出五个需要改进的地方，并对其他学员的自我分析进行反馈。
第五周	（1）教案样本 （2）思辨能力发展	根据自己的兴趣，选择相关的教案样本进行评价和反馈。	课程设计第二部分A：两个学员一组，设计一堂包含思辨能力的课程（lesson plan）。教案要明确教学目标、教学活动目标和活动所涉及到的教学策略；需要用 Bloom 的教育目标分类分析教学活动的类别。

（待续）

（续上表）

	阅读内容	课堂讨论	课程任务
第六周	（1）自我评价与同伴互评 （2）思辨能力发展 （3）评估表（选读）	期中反思：学员自我反思前几周的学习，撰写学习体会并对其他学员的反思进行反馈。	课程设计第二部分B：小组互评教案并改进教案（以第五周的小组为单位，评价另外一组的教案；之后根据其他小组的反馈，重新改进本组设计的教案）。
第七周	（1）形成性评价 （2）总结性评价	学员分享在教学中运用过何种评价方法或者计划运用何种评价方法。	课程设计第三部分A：以第五、六周的两人小组为单位，在第六周改进过的教案的基础上，发挥想象力，撰写一个单元课程教案（unit plan）。单元课程教案包括总体课程介绍及两个教学目标和其相应的评价方法。
第八周	思辨能力与科技	在课堂中如何运用科技教学手段去培养思辨能力。	课程设计第三部分B：学员单独评价其他两个小组的单元课程教案；之后根据其他组的反馈，与之前的同伴一起改进所设计的单元课程教案并进行单元教案的自我评价。
第九周	（1）行动计划 （2）制约思辨能力教学的因素	学员分析制约自己在教学中开展思辨能力教学的因素并阐述如何去克服这些制约因素。	课程设计第四部分：撰写一份针对今后6到12月之内的行动计划，阐述如何把此次思辨课程中所学的知识进行深化和运用，之后再自我评价所撰写的行动计划。

（待续）

（续上表）

	阅读内容	课堂讨论	课程任务
第十周	A Stage Theory	根据文章A Stage Theory 中的论述，评价自我的思辨能力发展阶段，并讨论如何将文章中的理念运用到教学中。	针对前九周的内容，选取最受益的两点撰写反思日志；或者分享所读文献中带给自己印象最深刻的一句话。

前三周的课程为学员打下思辨能力的理论基础。第四周为过渡周，教学慢慢转向实践，设计体现思辨能力的教案。第五周里学员们会填写一个针对第四周团队合作的自我评价表，要求根据表现给自己打分。第九周会填写第二个团队合作的自我评价表。第十周会针对第九周的讨论表现，第三次给自己打分。

2.2 课程评价方式

该网络课程采用的是形成性评价。每周的讨论；三次自我评价和四个课程设计的总分为100分，获得70分以上的学员将得到一张结业证书。

2.3 课程的更新

该网络课程每年都会进行内容的局部更新和调整。在每期课程结束之后，学员都会在线填写一份对课程的评价表。授课教师会根据学员的反馈，并结合学员的课程参与度和表现，对课程内容进行调整。授课教师 Agnieszka Alboszta 列举了如下的课程内容更新原因：

（1）进一步明确某一项作业的要求；

（2）使某一项任务或作业更加贴近学员的个人和职业经历；

（3）平衡个人学习和小组活动之间的关系；

（4）恰当地挑战学员的学习能力；

（5）把该课程的授课教师在自我学习中所获得的心得体会融入到网络教学中。

俄勒冈大学英语学院的思辨能力教学网络课程已经发展的比较成熟。课程设计很科学，每周的内容成递进式，从思辨能力核心概念到思辨能力实践中问题的反思，较全面地涵盖了思辨能力培养的内容。课堂讨论和课程任务的设置实现了理论和实践的相结合。该课程还高度体现了评价和反思在学习中的重要性。成熟的 Blackboard 网络平台为学员创造了一个便利的学习环境，提高了学习效率。但是从学员的行动计划中可以看出，该课程因为授课时间短，课程内容信息量大，造成学员普遍感到对很多知识的学习还不够彻底，对一些理论和观点掌握得还不够透彻。

但此课程无疑为我们提供了一个很好的参照模板，提供了一个教师思辨能力培养的高起点。中央民族大学外国语学院的思辨能力工作坊的核心活动内容就是依托这个平台而建立的。

3. 中央民族大学的思辨能力工作坊

2012年底，中央民族大学的思辨能力工作坊正式成立。工作坊的专题学习依托的是前文介绍的网络课程。但是根据实际需求，工作坊安排了表 2中列出的十六周内容。工作坊以自然周为单位进行活动，采用自主阅读和小组讨论的模式。每周在约定的时间进行交流会，共同探讨和分享心得体会。

表2　中央民族大学思辨能力工作坊学习内容

	内容		内容
第一周	思辨能力定义	第九周	设计教案
第二周	智性特征	第十周	评价并改进教案
第三周	Bloom 的教育目标分类	第十一周	设计单元教案
第四周	思想要素	第十二周	改进单元教案
第五周	智力标准	第十三周	制约思辨能力发展的因素
第六周	苏格拉底式提问教学	第十四周	科技与思辨能力
第七周	教学目标和教学策略（上）	第十五周	行动计划
第八周	教学目标和教学策略（下）	第十六周	反思

除此之外，工作坊还邀请业内的专家进行相关的主题讲座，目前已经邀请了北京外国语大学的孙有中教授、宋毅老师和北京第二外国语大学的李美霞教授进行了专题讲座。与俄勒冈大学思辨能力网络课程的授课教师 Agnieszka Alboszta 的

网络研讨会也在筹备当中。

从整体上看，参与教师都很认可这种学习方式，感到从学习中提升了对思辨能力的认识和理解；在学习的基础上，参与教师都能够积极地把所学到的方法运用到实际教学中。但是由于一些主观和客观的原因，工作坊的活动进度受到一定影响，一些细节还有待完善。

4. 教师思辨能力培养模式

孙有中（2011）纲领性地提出推进教师思辨能力教学策略系列研究项目，主要包括专家讲座、举办工作坊、开展课堂研究和搭建资源共享平台等。在此基础上，笔者结合网络课程培训内容及工作坊的具体实践经验来探讨教师的思辨能力培养模式及相应的可操作性内容。

4.1 教师思辨能力培养开展方式

工作坊、学习小组或研究小组等群体方式无疑是进行思辨能力基础理论、教学实际操作的唯一有效方式（Elder, 2014）。

团队协作学习能够让参与者更细致和扎实地掌握思辨能力基础知识，开拓参与者的视野与思维，有利于深化对所学内容的理解。这种学习型团队成员会有意识、系统和持续地不断获取知识、改善行为、优化团队体系，使团队在变化的环境中保持良好生存和健康和谐发展（陈国权，2007）。

对学生思辨能力的培养是全方位的培养，而不是单一课程的任务，因此需要全体老师的参与和努力。在实际操作中，为了保证学习效果，可以最初以小范围小组学习形式出现。之后第一批老师在掌握思辨能力的理论和实践方法后，可以作为指导教师，去指导新的学习小组。这种几何式培训模式可以帮助更多的老师得到专业的提升。俄勒冈大学思辨能力课程邀请曾经参与过该课程学习的优秀学员担任助教，起到一个桥梁和催化剂的作用。他们以学生的身份加入到每一期的课程学习，带领或辅助课堂讨论和小组活动。他们每周第一个发起线上的课程讨论，并积极地对学员的反馈进行评价并引导深层次的思考，再思考，从而尽可能地帮助所有学员深化对思辨能力的理解。东肯塔基大学的质量提升项目（Quality Enhancement Program）也体现了这一方式的有效性。该项目以在全校范围内实现思辨能力培养为目标，以工作坊形式对全校教师进行思辨能力的培养。项目伊始通过聘请思辨能力领域的专家进行指导学习，培养了一群骨干教师为项目培训师（QE coaches）。之后这些项目培训师作为指导老师，分别负责各个学院的教师思辨能力培养工作，指导思辨能力的教学实践（Jones & Haydon，2012）。中央民族大学工作坊的项目负责人作为成员中第一个参与俄勒冈思辨能力课程的学生，在工作坊的学习和讨论中扮演了指导师的角色。

这种培养模式的复制性和可操作性都很强，无疑可以作为教师培养框架的模板。

4.2 教师思辨能力培养的学习内容

在小组学习的形式框架下，一套科学合理并适合教师思辨能力培养的学习内容是师资培训的基础。在学习内容的选择和制订上可以有三种参考做法：第一，参照前文的网络课程框架来制定学习内容，例如中央民族大学思辨能力工作坊的实践；第二，选择一本有关思辨能力培养的优秀书籍作为工作坊学习的核心内容，例如：东肯塔基大学的质量提升项目把 Gerald Nosich 的著作 *Learning to Think Things Through: A Guide to Critical Thinking Through Curriculum* 指定为学习内容，工作坊成员每月通读一章的内容，并由一名参训老师来主导针对这一章节内容的讨论（Jones & Haydon，2012）；第三，利用网上资源，制定工作坊学习计划，例如登录美国思辨学会（Critical Thinking Community）的网站，点击 Library 就可以找到很多优秀资源。建议从 About Critical Thinking 为起点进行系统的学习。在输入型学习的基础上，教师可以把思辨理论与技巧融会贯通，尝试运用于教学实践中，归纳总结相关经验并与其他教师进行交流探讨。

4.3 教师思辨能力培养需要专家的指导

在组建学习小组和确定学习内容之后，成功的思辨能力培养模式中不可或缺的就是专家的指导。专家的指导可以以主题讲座、研讨会等方式进行。这些主题性的讲座和研讨会可以让培训教师洞悉思辨能力在国际上的最新信息，在全国范围内的研究动向，也可以让培训教师有机会就学习中遇到的具体问题向专家提问，寻求答案，有助于提升自我评价的有效性和不断深入对思辨能力的理解，从而在理论和实践两方面把小组的基础学习推上一个新的高度。Elder（2004）指出，没有专家指导的思辨能力学习在理论上是可以操作的，但在实践上却是不可能成功的。

4.4 教师思辨能力培养需要依托网络的技术支持

俄勒冈大学的思辨课程依托成熟的 Blackboard 平台（https://blackboard.uoregon.edu），为便捷地实现全球范围内教学提供了技术支持。学生只要登录，就可以看到所选课程的全部信息，包括课程大纲、课程进度、作业要求等；学生的作业提交，小组讨论也在这个平台上完成。美国高校范围内，比较常用的教学平台为 Blackboard 或 Sakai，目的都是为了提供一个用户界面，便于师生交流的媒介。

我国各高校也都有自己的教学平台可以利用。在学校范围内进行的思辨能力工作坊学习因为参与老师便于相聚在一起进行小组讨论，因此对网络的要求不是非常的高，但网络也是其中必不可少的组成部分。英语专业的老师由于排课和个人的原因，在聚会讨论时间之外一般很少有机会见面。这就需要参与老师事先把学习的反思日志或心得发布在网络平台上，供其他老师阅读。之后在有限的集体讨论中，参与老师可以有的放矢，提高学习和讨论的效率。一些现有的网络平台可以用来辅助工作坊的学习。Wikispaces 因其易用性、协作性和快捷的文件上传和视频发布功能在美国各界得到了广泛的应用（夏仲文、王少伟，2010）。外语教师没有语言上的障碍，因此可以利用英文界面的 wikispaces 平台便捷地实现小组成员之间的阅读反馈与评价。

4.5 建立教师思辨能力培养的长效学习机制

前文中提到俄勒冈大学的网络课程内容每年都会因授课教师的学习心得而做出改进。这说明该课程的授课教师们是一直在不断学习的，思辨能力培养是没有终点的。在教学中，教师不断地提高自身的思辨能力，反之再丰富和完善教学。Elder（2004）提出思辨能力工作坊活动应该持续五到七年的时间，并在文章中详细介绍了每年的学习重点，这无疑为国内教师思辨能力培养提供了一个很好的指导方向。

为了保障长效学习机制的建立，搭建思辨能力资源的网络共享平台是必要的。全国范围内的平台搭建可以让各高校的老师在线交流、分享资源，但目前此平台的建立还需待以时日，因此可以充分利用国外现有的网络资源进行拓展学习。

4.6 教师思辨能力培养有效性的评价

教师思辨能力培养的最终目的是培养具有思辨能力的老师。上述的工作坊学习到底在多大程度上促进了教师的思辨能力需要通过一个客观的评价来体现。思辨能力评价需要从能力（Cognitive Assessment）和情感（Affective/Dispositional Assessment）两个方面进行；可以利用的成熟量具为 California Critical Thinking Skills Test （CCTST）和 California Critical Thinking Disposition Inventory （CCTDI）。这里需要强调的是情感评价的不可或缺性。Hall（2011）提出针对情感的评价可以测评学生学习态度、学习兴趣和价值观，这些方面在学习中起着至关重要的作用，决定着最终的学习效果，但在实践中却往往被忽视。定期对培训的教师进行情感测评，掌握教师对思辨能力学习活动的情感变化，从而进行合理适当地调整，以期学习效果的最大化。一些可供操作的评价手段为 self-report inventories, self-esteem inventories, Q-Sort instruments, questionnaires 和 adjective checklists（Hopkins, 1998）。

4.7 教师思辨能力培养的有效性保证

工作坊学习的有效性还取决于两个重要的因素。第一是内因，必须建立相对严格的工作坊学习制度。所有的活动都必须有明确的起止日期，并要求参与老师严格遵守时间，保质保量完成学习任务。第二是外因，来自工作坊所在学院和学校的领导在各个方面的支持。思辨能力培养是一个长期的工程，始终如一的政策和经济上的支持会营造一个积极向上的学习氛围，利于工作坊的良性运转。

5. 结语

本文通过借鉴国际的思辨能力培养成熟范例和结合国内的工作坊实践经验，搭建了一个教师思辨能力培养的框架，并对框架之下的一些具体内容进行了尝试性的探讨。但一个成熟的培养模式需要不断地在实践中去探索和完善，相信这个培养模式最终会在外语教育界全体老师的努力下完成。教师的思辨能力培养将会使更多的老师成为具有思辨能力的人，从而在教学中真正重视学生的思辨能力训练，使他们成为思想活跃、富有创造性的人才，最终实现教育的终极目标。

参考文献

Elder, L. 2004. Professional development model—colleges and universities that foster critical thinking [OL]. http://www.criticalthinking.org/pages/a-professional-development-model-for-colleges-and-universities-that-fosters-critical-thinking/435 (accessed: 10/10/2013).

Hall, A. M. 2011. "Affective assessment: the missing piece of the educational reform puzzle" [J]. *Morality in Education*, 7-10.

Hopkins, K. D. 1998. *Educational and psychological measurement and evaluation*. [M]. MA: Allyn & Bacon: 286-291.

Jones, P. & Haydon, D. (eds.) 2012. Putting it into practice: developing student critical thinking skills in teacher education—the models, methods, experience, and results [C]. Greenwich, CT: Information Age Publishing.

陈国权，2007，团队学习和学习型团队：概念、能力模型、测量及对团队绩效的影响

[J]，《管理学报》（5）：602-609。

李美霞，2013，国内英语专业大学生思辨能力研究渊源、嬗变及反思 [J]，《批判性思维与创新教育通讯》（9）：6-16。

孙有中，2011，突出思辨能力培养,将英语专业教学改革引向深入 [J]，《中国外语》（3）:49-58。

夏仲文、王少伟，2010，云计算辅助教学平台之 Wikispaeces [J]，《中国信息技术教育》（17）：77-79。

“英语语言学概论”课程与思辨能力培养[1]

张洪芹 中国政法大学
邵麦芝 大名县大名镇回民中学

摘要： 培养学生思辨能力是“英语语言学概论”课程的宗旨和目标。本文基于Anderson认知能力类级理论模式，探讨以思辨能力培养为取向的课程教学实践模式，提出思辨能力培养“五前提”：a）以实例操作为前提，启发学生对语料敏感程度，引导他们发现身边语言现象，培养学生的观察能力、判断能力、评价能力等理性思维能力；b）以概念讲解和文献阅读为前提，提高学生的理解力、判断力和研究能力；c）以课堂讨论为前提，提高学生的判断能力、评价能力、解决问题能力等；d）以辩论会为前提，开启开放性语言问题辩论，提升学生的分析能力、评价能力、创新能力；e）以社会调查为前提，调动学生的积极性、主动性，培养学生的创新意识，提升学生的研究能力等。教学实践表明，“五前提”有助于全方位提升学生的思辨能力：思辨认知技能和思辨情感特质。

关键词： “英语语言学概论”；培养模式；思辨能力；思辨认知技能；思辨情感特质

1. 以思辨能力培养为指向的英语专业知识课程教学

英语专业学生思辨能力是当前外语教育界关注的焦点之一。大多数研究者一致认为，英语专业学生患有“思辨缺席症”（黄源深，1998/2010；熊学亮，2007；孙有中，2011；阮全友，2012；等）。这是由于“外语专业学生思维能力培养方面存在问题”（文秋芳、周燕，2006），也由于对思辨能力的认识仅止于宏观的理念或重要性层面，全国英语专业在培养学生思辨能力方面并未取得实质性进步（孙有中，2011：6）。为此，不少专家和研究者呼吁改变这一被动局面（陈新仁，2007；高军、戴炜华，2008；黄源深，2010；孙有中，2011；马伟林，2011；阮全友，2012等）。教育部高等学校英语专业教学指导分委员会、中国外语教育研究中心和外语教学与研究出版社于2013年10月19日至20日在北京外研社国际会议中心隆重召开“全国高校英语专业教学改革与发展学术研讨会”，大力推动以思辨能力培养为导向的英语专业知识课程教学改革。

1　本文系中国政法大学“全球治理与国际法治协同创新中心”研究成果之一，承蒙中心资助，特此致谢！

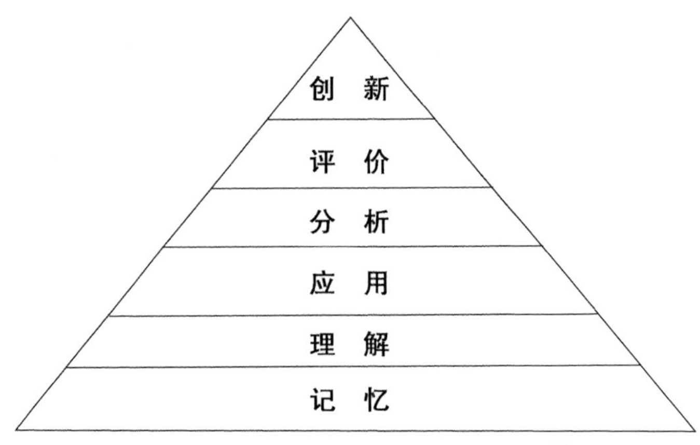

图 1　Bloom-Anderson 认知能力类级模式图

思辨能力培养是我国高等教育一直强调的终极目标。《中华人民共和国高等教育法》（1998）规定，“高等教育的任务是培养具有创新精神和实践能力的高级专门人才……”；《国家中长期教育改革和发展规划纲要（2010-2020）》要求“……着力提高学生勇于探索的创新精神和善于解决问题的实践能力、注重学思结合……强化能力培养……着力提高学生的学习能力、实践能力、创新能力……”；教育部《2012关于全面提高高等教育质量的若干意见》也制定类似的教育目标和总指针。正如《高等学校英语专业教学大纲》（2000年）所强调的，专业课程教学中要有意识地训练学生分析与综合、抽象与概括、多角度分析问题等多种思维能力以及发现问题、解决难题等创新能力……，思辨能力培养也是英语专业知识课程教学的终极目标。总之，思辨能力培养具有一定的战略意义和现实意义。因此，本文以“英语语言学概论”教学为例，探讨思辨能力培养模式，阐释思辨能力培养的实践步骤，旨在推进英语专业知识类教学进程，以提高学生思辨能力。

2. “英语语言学概论”课程思辨能力培养模式

思辨能力培养是当前我国高校英语专业教学的要求，是国家教育长期发展的主要的战略性任务之一，同时还兼属课程学科属性指向。“英语语言学概论”具有较高的思辨性特征，呈现一定的理论模式。

2.1 思辨能力培养模式

思辨能力是“从不同的角度、用不同的方法和不同的观点对问题进行正确的分析、综合、判断，从而提出自己的认识，达到问题的妥善解决。”（钱坤强，

1996）；思辨能力是“分析、综合、判断、推理、思考、辨析能力”（黄源深，1998）；思辨能力是“反思思维”和“人类自校正现象”（Facione，1990），包括“认知能力和情感特质”（Delphi，1990）。Delphi的思辨能力模式体现二维性：认知能力（cognitive ability），包括阐释、分析、评价、推理、说明、自我矫正等思辨认知技能；情感特质（affective dispositions），包括好奇、博学、信任的理由、思想开放、灵活、公正、诚实、稳重、爱思考、清晰、有序、勤奋、合理、专注、持久、合理等思辨品质。学者的发现为本文提供了理论支撑和思维视角。

思辨能力培养另一经典模式是Anderson（1990）六级模式。在对B. Bloom（1956）认知能力培养模式进行改进的基础上，Lorin Anderson 提出认知能力类级模式图（taxonomical modal）（图 1）：思辨能力分为高层和低层，低层是知识记忆与理解，高层是应用、分析、综合、评价和创新能力，“思辨能力集中体现在认知能力阶梯的应用、分析和评价等高层级；创造力是思辨能力的最高表现，也可以视为建立在思辨能力上的最高级别的认知能力”。（Anderson, 1990）Anderson的创新是提出了思辨能力六级智力标准。六级模式层级强调了思辨能力类型：“思辨认知技能和思辨情感特质”（文秋芳等，2009），六级模式层级也侧重思辨能力培养的连续渐进性和动态实践性：思辨能力培养要体现在整个教学过程，教学以学生为主体，发挥学生主动性，提高学生独立思考能力和批评精神。

2.2 “英语语言学概论”思辨能力培养模式

本文以 Anderson 六级模式为理论模式，提出“英语语言学概论”课程思辨能力培养模式，旨在提升学生高层的思辨能力，如表 1所示。

表 1　语言学概论思辨能力培养模式

语言学概论教学思辨能力培养模式	
实践手段	思辨能力培养
实例操作	记忆、分析、推理、判断
学生讲解概念	理解、分析、判断
课题讨论	反思、分析、评价
社会调查	分析、评价、创新
开放话语辩论赛	反思、评价、创新

六级模式
创新
评价
分析
应用
理解
记忆

表 1中，大箭头表示 Anderson 六级模式的必要性，一定要应用于“英语语言学概论”整个教学过程，小箭头表示“英语语言学概论”课程的目的性，要以思辨能力培养为指向和终极目标，这是一个双向循环过程。表 1 中的教学手段仅是概括，课堂教学并不止于此。每个实践手段所凸显的思辨能力有所不同，但并非绝然，相互之间有一定的重叠性。“英语语言学概论”课程思辨能力培养模式同时还会涉及情感能力，如沟通能力、人际交际能力、团体合作能力等思辨品质。

“英语语言学概论”课程思辨能力培养模式可进一步概括为“五前提”：a）以实例操作为前提，启发学生对语料敏感程度，引导他们发现身边的语言现象，培养学生各种能力，如观察能力、判断能力、评价能力等理性思维能力；b）以概念阐释和文献阅读为前提，提高学生的理解力、判断力和研究能力；c）以课堂讨论为前提，提高学生的判断能力、评价能力、解决问题能力等；d）以辩论会为前提，启发对开放性语言问题展开辩论，这可进一步提升学生的分析能力、评价能力、创新能力等；e）以社会调查为前提，调动学生的积极性、主动性，培养学生们的创新意识、提升学生的研究能力。

3. “英语语言学概论”课程思辨能力培养模式的实践操作

思辨性教学模式需要一定的实践性操作步骤，我们不限于一种实践模式，而是求多种实践模式的融合，在教学实践中，我们有实例法，有讨论方法，有辩论法，有写作法等，以最大限度地提高学生思辨能力，培养他们的思辨认知能力和思辨品质。

3.1 实例操作与思辨能力培养

实例操作旨在培养思辨能力，例举有利于学生准确辨别判断术语，有利于学生自行归纳语言共性，揭示语言本质。再者，实例操作符合人的认知规律。人常见的认知路径是从特殊到一般，从具体例子到概括归纳，而非相反。所以，实例操作法适用于语言学概论的一切层面。例如，语素变体对同学来说很抽象，若用实例讲解，可以把抽象晦涩的概念具体化、明朗化。我们可以先让同学们亲身看到、感受到同一语素的不同书写形式。拿英语 person 语素来说，是 teacher, conductor, assistant, scientist, netizen, student, 及无语素变化的 cook 等，这些标记语素都表达“人”，我们就说它们是同一语素的变体，学名叫 allomorphs，对于复数语素来说，也有不同的书写形式，它们是 cats, bridges, men, phenomena 等。所以刘润清认为“在一切理论介绍中，例子是十分宝贵的，有时可以说是一例值千金”（刘润清等，2006）。因为，有价值的例子具有一定的知识性，也体现一定的趣味性，如故事情节。对于任意性来说，老师常见举例方法是把词语相互易名，如把 girl 和 table 两个英语名称互换。这种方法固然简单、易懂，但知识性和趣味性均较低。我们还可以尝试其他方式，如故事举例法：著名语用学家赵元任在《语言问题》中曾说过一个故事：一个老太婆，初次接触外国话，感到非常奇怪，"明明是水，英国人偏要叫它'窝头'（water）；明明是五个，法国人非要管它叫'三个'（cinq）；明明是鞋，日本人偏要管它叫'裤子'（クツ）"（赵元任，1980）。实例可以使概念透明、易懂，同时，"用例通俗而没有距离感和陌生感，贴近学生生活"（陈青松等，2012）。

英语 quiz 词源是任意性的又一故事例证，"该词始用于18世纪末。据传，1780年爱尔兰都柏林有一位叫 James Daly 的剧场经理，在喝醉酒时和朋友打赌说，他能杜撰一个毫无意义的新词，并使它在24小时内进入英语之中。他派人把能找到的街头顽童都找了出来，雇他们夜间在大街小巷，在每堵墙壁和一切通道上用粉笔写上四个神秘的字母 QUIZ。翌日，都柏林全城轰动了。人们迷惑不解，议论纷纷，相互询问这四个字母意指什么。一时之间 quiz 成了街谈巷议的话题。Daly 赌赢了，quiz 尔后果然进入了英语词汇的行列。由于 quiz 是以戏弄人问世的，所以最初作'恶作剧'、'戏弄者'或'询问'解，'测验'、'答问比赛'、'智力竞赛'等，今义则是后来延伸取得的"（庄和城，1997：403-404）。其他词语，如 kangaroo, quisling, The Republic of Guinea, 也含有一定的词源故事等。以这种方式举例，学生很容易领会任意性，同样，也可以激起他们更多的联想、思考、判断。举例并非老师专利，在老师的启发下，学生也能够举出汉语词源例子，尤其是现代新词语，如山寨、草根、水货等。

在此基础上我们引入词汇学理论，并进行抽象概念（如词素类型）的实践操作。例如，全部学生可以分成若干小组，让他们分享网络语言中的英汉新词语。一个小组调查了英语新词语，如 Earth Day（地球日）、visual pollution（视觉污染）、vision phone（可视电话）等，有的调查汉语新词语，如　丝、元芳、正能量、雾霾等，有的调查英汉新词语的来源故事，还有的调查英汉新词语构词法的特征，等等。老师还需设计问题，进一步帮助学生领悟和概括英汉新词语的构词法特征和异同。语言学理论的具体实践提高了学生们对于理论的认识度，培养了他们运用这些理论解决生活中的实际问题的能力。总之，实例操作有助于培养学生各种能力，尤其是观察能力、发现能力、判断能力等思辨认知技能，以及提出新问题、自我修正、挑战权威等情感特质。

3.2 概念阐释与思辨能力培养

阐释（interpretation）语言学名词术语等概念是思辨能力培养的主要

途径之一，这涉及三大认知操作（cognitive operation）过程，即概念分类（categorization）、概念解码（decoding）和概念阐明（clarifying）（Facione, 1990: 15-17）。概念阐释旨在帮助学生厘清概念类型、描述概念关系、释义概念意义，阐释动态过程无不与学生思辨能力的提升相关。

语言学概念需要老师清晰的讲解和例解，以使抽象概念具体化、生活化。对于难度大的理论，老师更需要用简明易懂的话语进行例解，如转换生成语法中空语类概念。句子中有显性成分，也有隐性成分，我们把这种隐性成分叫作"空语类"，空语类用字母 e 表示，如*这本书我有 e*，*Where do you live e?* 空语类没有语音形式，观察汉语空语类：*刘姥姥便申筷子要夹（鸡蛋），哪里夹得起来？（筷子和蛋）满碗里闹了一阵，（她）好不容易撮起来一个，才伸着脖子要吃，（蛋）偏又滑下来，滚在地下*。概念阐释过程除关注学生理解、判断能力外，我们还着重培养学生概括、抽象能力，如通过"提出假设—检验假设—修正假设—再检验—再修正"的各步骤，让学生总结英语中肯定句变为否定句的句法规则，引导他们关注句法转换规则；让学生搜集大量的男性女性句法后，引领他们关注性别句法特征之异同。例举讲解和例证展示具体化抽象的乔氏句法（Chomsky 生成句法理论），激发学生积极思考，培养了学生归纳、演绎推理的能力，也有助于形成判断、评价的能力，如思考此结论是否站得住脚或是否合理。语言学抽象范畴具体化和实践化还有利于激发学生探测语言规律之志趣。

此外，学生也可以参与课堂，讲解容易的概念理论，例如语境、会话含意、合作原则、礼貌原则等理论概念，建议学生制作ppt.，采用超文本手段，将现代媒体信息相连接，扩大理论与实践范围。可以把影视资料编入课件中，如2014年程野等的小品《偏方》等，以之深化语境等理论概念，如上下文语境、情景语境与文化语境。这样既有利于学生完成知识的输入—输出过程，又增加学生开展批评性思维的机会，发展了学生的思辨能力。

语言学教学还要经常补充网络资源和期刊文章作为阅读材料，有助于学生提升思辨情感特质，如好奇、开放、自信等。语言学方面国内网络资源有：http// www. eastling. org/, http// www. yyxx. sdu.edu.cn/, http//www. keenage. com, http// www. lingchina. org. com/, http//www. languagera. org, http//linguistics. tech.topzj. com/；国外网站：http//www. ibvelanguages. com/, http// langs eserver org/等；阅读材料有潘文国的"语言的定义"，刘大为的"预设：语义预设与语用预设"；语言期刊有《咬文嚼字》、《辞书研究》、《修辞学习》、《中国外语》、《外语与外语教学》等，进一步激发学生的研究热情、评价能力和研究素养。经常在课堂引入文献，让学生读宗守云的文章"大公鸡"和"老母鸡"，分析其内涵与外延。同时，布置查询类作业，如让学生通过各种方式寻找索绪尔、乔姆斯基等的背景信息，就同一主题（如语言定义、语境定义等）寻找多种不同的文献。教师和学生要多收集素材，丰富教学资源，努力作语言现象的发现者。例如，短小精湛的文章、语段、影视对白，以及谚语、警句、广告用语、新闻用语、公示语、路牌等社会用语，都能成为很好的教学资源。这有助于学生养成读文献的习惯，有助于学生养成探索、疑问、推测和辩论的习惯，更有助学生了解研究的步骤与方法，提高学生的论文创作能力。

3.3 课堂讨论与思辨能力培养

“培养思辨能力还必须让学生有更多的参与机会。广泛的参与是个人思考问题、分析问题和表达观点的有效方式”（阮全友，2012）。“对于事物的观察和问题的研究不能仅停留在表面。教师必须引导学生本着研究的宗旨，对于事物和问题进行深入思考，并把这种习惯延伸到将来的工作和生活之中”（马伟林，2011）。所以，本课程教学须旨在把语言学理论实用化和实践化，旨在创造实践机会训练学生思辨能力。首先，拓宽实践教学的渠道，丰富实践教学形式，让学生参与课堂讨论。课堂上，教师要设计各种活动，让学生参与。如讲解会话含意时，我们可以设计这样的问题，“在教语用学的含意时，我们可以给出没有语境说明、不完整的对话，让学生联系自己的生活经验，想象各种可能的情景，解读说话人的意思，

A. ________________

B. He is a student.

我们让学生设计合理语境，填充A可能说的是什么样的话，启发学生对B的回答从不同角度进行解读，进而领会间接言语行为与会话含意在日常生活中的应用”（陈新仁，2007）。

再者，课上也可以提供各类语料让他们用语言学概念和理论展开分析，如分析他们喜欢的电影或电视剧中的台词，还可以让他们进行英汉对比，探讨英汉礼貌语言特征与文化价值观差异，如中国人为什么总爱否定称赞？还可以分析网络新词语。网络用语主要有四种类型（朱跃，2006：174）：字母型、数字型、表情型和文字型。课堂小组展开讨论，讨论汉语网络新词语现象，如发小、闺蜜、菜鸟，黑客，网友、886、3166、98（WIN98）、拇指一族、X霸/族等，先进行分类、再分析其理据，最后讨论其汉字产生的影响。“早在20世纪80年代初期，著名语言学家吕叔湘先生在《辞书研究》上呼吁大家来关注新词语新词义；著名语言学家、修辞学家王希杰先生也说：“我喜欢写语言随笔，词语小品。我一贯建议大学生和研究生多写短文，谈谈一得之见”（叶川，2011）。课上分析讨论有助于培养学生发现

问题的能力，培养学生基于事实的推理能力，培养学生观察分析事物的能力，培养学生运用语言学理论解决实际问题的能力。通过研讨、交流，学生不再感到语言学课程枯燥。可以认为，语言学课程学习已成为离苦得乐的事情。

3.4 辩论会与思辨能力培养

思辨能力的主要要素之一是批判性独立思考问题的能力。这就要求我们在训练学生认真阅读相关文献及理解的基础上，启发学生发现问题，不迷信于权威，鼓励学生反思、自我矫正错误。"'反思思维'和'自我校正'正是思辨能力体现"（Facione，1990）。为此，课堂教学中，我们创造机会培养学生的批判意识和质疑能力，培养学生的思辨品质或思辨情感特质。

思辨品质的培养体现在教学过程各个环节，尤其涉及师生、生生辩论会。我们尝试使用辩论会探讨语言开放话题，通过辩论把理论与实践相结合。这类开发性话题涉及每个章节，"语言的任意性与相似性矛盾吗？"、"大学生言语行为呈现什么特征？"、"英汉礼貌现象存在怎样的共性和差异？"、"语言与思维之间存在什么关系？"等。对于这类开放性话题，我们可以采用辩论赛方式，把全班同学分为两组，正方与反方，展开辩论。辩论之前学生首先要做的准备是自己查阅相关资料，这可以进一步加深学生对问题的认识，提高他们的分析能力。以语言任意性与理据性为例，正方辩题是语言任意性"Language is primarily arbitrary"，反方辩题是语言理据性"Language is primarily motivated"，双方需搜集各自相关资料，不仅涉及理论，而且涉及数据，涉及英语与汉语。最后，教师进一步概括提升问题。例如，语言符号如何唤起大脑中的概念；如果有些人的大脑中没有这个概念，他们怎样理解意义呢？等质疑性问题。学生在这样的讨论和质疑过程中，提高了发现、探索、分析、解决问题的能力。

辩论会提升了学生的理性认识，从表层的定义到理性的推理及语言规律。辩论赛的前提/结果是小型论文撰写。此类辩论活动调动了学生的积极性，提高了学生的研究能力。辩论会活动涉及思辨能力培养一系列环节：理解能力培养（学生阅读观察语言素材）——分析、判断能力培养（教师启发提问）——分析、判断、评价培养（学生独立思考/小组讨论）——评价能力培养（学生—老师）答疑——创新能力培养（论文撰写）。

3.5 课外实践与思辨能力培养

"作为研究英语的一门科学，英语语言学中的各种理论来源于具体的英语语言实践，这些理论反过来指导语言实践"（马伟林，2011）。在语言学教学过程中，我们展开各式各样的社会实践活动，让学生积极参与研究之中，调动学生的积极性和主动性，这对培养学生探索能力、解决问题能力等十分有益。调查可以围绕各类语言问题展开，如语言的变异、采用社会语言学田野调查方式、社会呼语调查、小区流行语调查、校园流行语、BBS流行语、语码混用调查、街道命名调查，等等。因为“语言表面上看纷繁复杂，而实际上充满了规律性”（陈新仁，2007）。语言学课程思辨能力培养的一个重要任务就是去培养学生揭示、探索语言规律的能力。所以，要想顺利地完成任务，学生必须熟悉相关知识，认知调查，总结得出自己的结论，让学生形成自己的见解。在此基础上，学生对自己的成果进一步修改、完善，进而完成论文写作。课外实践为学生提供了发现世界、探索世界的宽松环境，提供研究问题的时间和空间，激发创新的欲望。此过程本身就是探索语言学规律、解释语言学现象的研究过程，涉及独立思考、分析、解决问题等的思辨能力。

我们可以让学生展开英汉语礼貌现象调查：在礼貌现象方面，英汉语之间所存在的共性和个性，如接受表扬模式与拒绝表扬模式。也可以展开语料调查，如进行“语言的性别差异调查：男性和女性的语言存在差异，这一点是社会语言学家的共识， 但是关于汉语中存在的男女性别差异相关研究并不太多。请选定一个层面（比如：发音、词汇、句法、语篇等）对以汉语为母语的男性和女性的语言差异进行小规模调查”（蓝纯，2009：251）。学生进行语料调查有助于他们表层知识理性化，也有助于他们语言现象敏感化。语言学理论的一系列具体实践，提高了学生们对于理论的认识度，培养了学生自觉运用这些理论解决生活中实际问题的能力，培养了他们创新思维能力和研究能力。

4. 结语

培养学生思辨能力是“英语语言学概论”课程的宗旨和目标。本文以Anderson（1990）认知能力类级模式为理论模型，探讨以思辨能力培养为取向的教学实践模式，提出思辨能力培养的“五前提”：以实例操作为前提；以概念讲解和文献阅读为前提；以课堂讨论为前提；以辩论会为前提；以社会调查为前提。多年课程教学表明，“五前提”有助于调动学生的积极性、主动性，有助于提升学生高低各层面的思辨能力，包括思辨认知技能，如分析、概括能力、评价能力、批判能力、解决问题的能力，也包括思辨情感特质，如提出新问题、容忍不同意见、乐于修正自己的不当观点、相信自己的评判能力并敢于向权威挑战。每节课教学重在训练学生的分析能力、比较能力，培养学生思考、判断能力，促成学生评价、创新能力的提高。此外，思辨能力的取得还依赖于考试模式的改革，课外实践计入成绩核算等，同时提倡开卷、半开卷、论文等多样化考核方式，这会使改革持久深入。此模式实践成果有待实证检验。

参考文献

Anderson, et. al. 2001. Taxonomies of the Cognitive Domain [OL]. http://www.comp.rgu.ac.uk/staff/sy/PhD_Thesis_html/page_32.htm. (accessed 13/09/2013).

Beebe, L. T. Takahashi & R. Uliss-Weltz. 1990. Pragmatic transfer in ESL refusals [A]. In Scarcella. R. C., E. Andersen & S.D. Krashen (eds.). *Developing Communicative Competence in a Second Language* [C]. New York: Newbury House. 55-73.

Bloom, Benjamin and Anderson, Lorin. 1956. Benjamin and Anderson's Taxonomy [Z]. http://www. comp.rgu.ac.uk/staff/sy/PhD_Thesis_html/page_32.htm. (accessed13/09/2013).

Delphi. 1990. Delphi_Report. http://assessment.aas.duke.edu/documents/Delphi_Report.pdf. (accessed18/09/2013).

Facione, P. A. & Facione, N. C. 1994. The holistic critical thinking scoring rubric [Z]. http//www. insightassessment. com/pdf_files/Rubric%20HCTSR. pdf. (13/09/2013).

Facione, P. A. 1990. *Critical Thinking: A Statement of Expert Consensus for the Purposes of Educational Assessment and Instruction* [M]. California: California State University, Fullerton.

陈青松、张先亮、聂志平，2012，"语言学概论"课程中用例选择和使用的原则 [J]，《中国大学教学》（2）：45-51。

陈新仁，2007，本科"英语语言学导论"教学法探究 [J]，《中国大学教学》（12）：39-42。

高军、戴炜华，2008，高校英语专业"语言学导论"课程教学改革探索与实践 [J]，《英语研究》（2）：65-68。

高等学校外语专业教学指导委员会英语组（编），2000，《高等学校英语专业英语教学大纲》[Z]。上海：上海外语教育出版社；北京：外语教学与研究出版社。

黄源深，1998，思辨缺席 [J]，《外语与外语教学》（7）：1，19。

黄源深，2010，英语专业课程必须彻底改革——再谈"思辨缺席"[J]，《外语界》（1）：39-42。

教育部编，2012，《关于全面提高高等教育质量的若干意见》。www. baidu.com/baidu?tn=56060048_4_pg&ie=utf-8&word，（2013年9月20日读取）。

蓝纯，2009，《语言学概论》[M]。北京：外语教学与研究出版社。

刘全存，2006，哈佛大学办学理念 [OL]。www.sharewithu.org，（2013年9月20日读取）。

马伟林，2011，英语专业学生批判性思维能力的培养 [J]，《教育评论》（3）：83-85。

钱坤强，1996，外语习得与思辨能力 [J]，《山东外语教学》（3）：72-76。
阮全友，2012，构建英语专业学生思辨能力培养的理论框架 [J]，《外语界》（1）：19-26。
孙有中，2011，突出思辨能力培养，将英语专业教学改革引向深入 [A]。载李莉文（编）《英语写作教学与思辨能力培养研究》[C]。北京：外语教学与研究出版社。1-17。
文秋芳、周燕，2006，评述外语专业学生思维能力的发展 [J]，《外语学刊》（5）：76-80。
文秋芳、王健卿、赵彩然、刘艳萍、王海妹，2009，构建我国外语类大学生思辨能力量具的理论框架 [J]，《外语界》（1）：37-43。
熊学亮，2007，本科生语言学教学的探索 [J]，《中国大学教学》（5）：18-19。
叶川，2011，《语言学概论》课程教改探析 [J]，《赤峰学院学报》（3）：174-175。
赵元任，1980，《语言问题》[M]。北京：商务印书馆。
朱跃，2006，《语义论》[M]。北京：北京大学出版社。
庄和诚，1997，《英语词源趣谈》[M]。上海：上海外语教育出版社。

英语专业知识教学与学生写作能力发展[1]

赵冠芳
上海外国语大学英语学院

摘要： 我国的英语教学整体上可分为专业课程知识的获取和基本语言能力的训练两块。而这两者的分开教习往往不利于学生的整体语言能力提高和思辨能力培养。以写作教学为例，写作课因过分侧重基本的语言正确和刻板的篇章结构处理，导致学生书面交际能力普遍低下（颜静兰, 2012），并影响了我国硕士、博士阶段的教研水平（张冲, 2010）。本文将首先基于实证研究数据分析我国大学专业英语写作课程中呈现的问题，并通过对比中西方大学写作课程设置和教学方法，探讨写作的本质及其在专业知识课程中的作用。笔者认为写作能力的培养实质上是思维能力的培养，而将写作融入专业知识课堂的教学和评估将有利于全面提升学生运用目的语进行思维和思辨的能力，并帮助学生学会运用文字去构建和呈现自己的思想及对专业知识的解读。而这一能力也正是衡量高等教育水平和质量的一个重要标准（Hyland, 2013）。

关键词： 写作教学；思维、思辨能力培养；英语专业知识教学

1. 引言

在许多西方国家的教育系统中，写作往往在教育、教学评估中起着尤为重要的作用。无论是对学生学习成绩的检测还是对他们总体学习能力的评估都在很大程度上依赖于对他们写作能力的测评。比如，在美国中学教育的各主要阶段（8年级、12年级），各州州内的统一高风险性（high-stakes）英语考试就需要学生们在阅读、分析、批评试卷所提供的数篇学术性及非学术性的文章后撰写具有相当长度的分析性论文。不仅英语科目的考核如此，在各类社会、历史、甚至科学类的科目考试中也有相当一部分的试题是需要通过写作论述完成的。在高等教育阶段，写作就更加紧密地结合于对学生学习成绩和能力的评估中了，因为美国高校中大多数的课程都是以撰写学术论文和研究报告的形式来测试学生对于所学科目的掌握程度的。也正是因此，几乎所有的美国大学都开设并要求本科生修习写作课程，尤其是学术分析性写作课程，以使学生们更清楚地了解高等教育中写作的本质及规范，从而为顺利完成各科学业打下坚实的基础。

1　本研究获得上海外国语大学校级一般科研项目资助（编号 KX171321）。

与此不同的是，我国的教育、教学评估模式及体系往往因受限于学生整体数量众多而偏向于使用限时考试形式（timed test）。不管是语言类（language courses）还是专业类课程（content courses），主流考核评估模式几乎无一例外都是通过参加统一考试进行的。然而，长期过度依赖这种考试形式却直接导致了中国学生的写作能力缺失或低下，这在外语教学中显得尤为突出（金艳，2013；颜静兰，2012）。有学者甚至指出，本科阶段的这种写作能力低下“直接影响了硕士甚至博士阶段的教学和研究水平”（张冲，2010：311）。这里值得我们思考的是写作能力不足如何会最终影响到高等教育质量和科研水平呢？诚然，最直观的一个原因是现在国际上用来衡量一个国家的整体科研水平，或一个高校的整体教育、教学质量和学术成就的重要标准就是科研成果的出版和传播。这就意味着学术写作能力的低下将直接影响科研成果的呈现和传达，也将最终决定研究者个人、研究机构、乃至一个国家的整体科研水平。此外，写作能力可以影响到高等教育及研究水平也是由写作在高等教育阶段的本质所决定的。高等教育阶段的写作实质上是严谨的思维和思想的文字呈现，它体现了作者对某一主题的认知、分析、思考和见解。而这种见解并非简单等同于作者对某一主题的个人“看法”（opinion），而应该是作者在了解、分析各类相关材料，充分解读他人观点和文献的基础上，基于对现有材料及他人观点的整合、批判而形成的一个“论点”（idea）。也就是说高校中的写作是不能脱离文本阅读和分析的，作者的论点是必须建构在与这些即存文献或文本的对话、辩论之上的，是能够说服持不同观点的其他人的。因此，如果学生们缺乏这方面的分析、思辨能力，那么也不可能形成有价值的学术思想，科研水平的提高也就无从谈起。

具体到我国的外语教学领域，由于现阶段我们的专业外语教学整体上还是由专业知识课程和基本语言课程两块组成，且专业知识的获取和基本语言能力的训练往往是分开教习的。这样的教学模式实质上不仅不利于学生整体语言能力的提高，也不利于学生思维分析能力的培养。以英语写作教学为例，虽然英语专业本科阶段开设的写作课程名目繁多，且多为核心必修课程，然而学生们的写作能力在接受了四年专业教育后却仍然显得十分薄弱。大多数学生对于如何通过有效的语言运用来呈现自己的思维和见解，提出个人观点并与读者进行深度的书面交流感到迷茫。这一点反映在各类语言测试中学生们相对低下的写作成绩上（金艳，2013），也更为突出地反映在他们普遍低质的毕业论文设计和写作上。因此，为探究学生们写作能力不足的深层原因，本文将首先从实证角度分析现行英语写作教学中可能存在的问题，进而通过对比中西方大学写作课程设置、教材设计、教学方法和能力评估等方面来一进步解读写作的本质及其在专业知识课程中的作用和运用。希望这些数据分析和解读能够为我国英语专业学生写作能力的培养模式以及专业知识课程的教学改革提供一定的思考视角和方向。

2. 英语专业写作教学质量评估和问题分析——来自学生视角的实证数据

虽然学界诸多专家和学者早已指出我国英语专业学生写作质量和能力亟待提高，也在探讨和评估现行写作教学中面临的问题和需要改进的地方，然而从学生视角来审视这些问题的实证数据尚不充实和确凿。因此，笔者在2013年末对英语专业本科生进行了一次小规模的匿名抽样问卷调查。问卷中就学生们对各自所在院校现行写作课程设置、教材使用、教学效果以及学生们对写作能力的自我评估和定义等方面收集了相关数据。提交问卷的60名学生中，大部分是专业外语类院校的英语专业本科生，少数是非外语类高等院校英语系本科生，学生主要来自上海、广州和北京三市，但以上海地区为主。该问卷首先请受访者就各自的英语语言能力做了自我测评，要求他们在1-10分这一区间（1为最低，10为最高）分别为自己听、说、读、写四项能力打分。结果显示（见表 1），学生们一致认为写作能力是他们英语语言能力中相对而言最薄弱的环节。同样，在问到“在各类英语能力考试或等级考试中，你得分率最低的通常是哪一项”时（见表 2），大部分学生选择了写作。也就是说，不管是主观自我判断还是客观测试结果都显示写作能力是我国英语专业本科生语言能力中最弱的一项，这与此前学者们的观察和观点是一致的。

鉴于学生们对自己写作能力偏低的普遍认同，合理的推断应该是各类写作课程将受到学生们的普遍关注和重视。问卷也因此进一步询问了学生们对于写作课的态度，以及他们眼中写作课程的质量和对提高其写作能力起到的帮助。结果显示（见表 3）写作课在学生中普遍属于不受欢迎的课程，且学生对于写作课质量的评价也普遍偏低，认为所修各类写作课对提高他们整体英语写作能力起到的作用十分有限，尤其是写作教材的质量和内容对提高英语写作能力几乎没有起到实质性的帮助。如果以传统的60%作为基本合格水平的参照线，那么从学生的视角来看，我们的英语专业写作教学在各个环节都是不合格的。

表 1　学生英语语言能力自评[a]

各单项能力	自评平均值
听	7
说	7
读	8
写	6.7

a总计60名学生，在1-10区间打分评估，10分最高。

表 2　英语测试中得分率最低项汇报[a]

测试单项	人数	百分比
听	17	28.3%
说	14	23.3%
读	6	10%
写	23	38.3%

a总计60名学生，四项中仅选出一项最低项。

表 3　学生对于写作课程各方面的评价[a]

写作课程相关方面评价内容	学生评价均值
据你了解或观察，写作课在学生中的总体受欢迎程度（可参考出勤率等观察数据）	5.1
所修写作课对提高你整体英语写作能力起到的帮助	5.1
写作教材对提高你整体英语写作能力起到的帮助	4.5
教师给出的作文反馈对提高你整体英语写作能力起到的帮助	5.8

a总计60名学生，在1-10区间打分评估，10分最高。

为进一步了解学生对现行写作课程和教学质量做出这一评价的原因，问卷的第二部分更为开放式地询问了学生眼中本科阶段影响他们写作能力提高的具体因素。在接受调查的60名学生给出的诸多因素中，44人提到了课程设置的不合理（课程内容大多雷同）；43人提到了写作教材内容、质量有限；同样有

43人之多提到了教师授课形式死板，内容枯燥，不愿去上；而最多被提及（46人提到）的原因却是学生们认为写作课与阅读、分析能力培养的脱节，从而使写作课过于强调文字正确和固定的文章结构认知，忽略了思想、思维和分析能力的培养和提高，使得写作空洞、流于形式而言之无物（部分原始数据见附录1）。当然，还有少部分学生提到了教师自身专业知识有限（13人），以及自己主观上不喜欢写作，因此课余没有花时间和精力去学习和提升自己这方面的能力（11人）。值得一提的是，虽然中国学生一般比较谦逊，往往会把自身原因作为解释自己所面临困难的一个方面来衡量，然而在60人中却仅有11人认为写作能力不足是因为自己不喜欢写作，或没有付出应有的努力。由此可见，学生们本身是有欲望去学好写作的，只是我们尚需要找到有效的教学模式来帮助他们提升写作能力。

问卷的最后调查了学生们自己对英语写作能力的定义，要求他们根据自己的理解，用自己的话试着描述。结果显示大部分学生都是将思想和观点的有效陈述以及语言文字的书面处理作为写作能力的核心定义。以下是样本中颇具代表性的学生定义，列举在此给读者做一个直观的参考：

a）“英语写作能力代表着学习者在二语习得的输出能力上的最高水平，这不仅仅是学生的文字表达能力（区别于语言表达能力），同时也是对语法、词汇等技巧和历史、文化知识的综合表现”；

b）“英语写作能力也应分为两方面来看，一是单纯综合“听说读写”四大基本能力之后英语掌握程度的体现，表现在词汇、句法的运用上等，是语言学习的范畴；二是学生的思辨能力，逻辑能力等思想层面的体现”；

c）“英语写作能力就是自身语言功底和思维逻辑能力的书面展现”；

d）“内容思想有深度，语言风格独特而优美”；

e）“写作是对知识和阅读的整合，对思维的挑战，对语言的精雕细琢”。

虽然学生们的语言表述尚显稚嫩或不够严谨，但不可否认，他们已经意识到写作能力是“语言表达”、“专业知识”以及“思辨能力”的综合体现，因此单纯的以语言正确、篇章结构正确、个人看法表达为导向的写作课程安排和教学不仅不能体现高等教育中写作能力培养的核心需要，也是不符合学生实际预期的。那么究竟应该如何改善我们现行的写作教学来帮助学生们更好地提高英语写作能力呢？在探究这一问题之前，我们不妨先对比一下中西方写作教学各层面的异同，或许从数据的对比分析中，我们能够更清晰地解读写作在高等教育中的地位和意义，写作能力培养的有效模式，以及写作教学和英语专业课程教学之间的关系。

3. 中西方写作能力定义及教习模式对比

3.1 写作课程设置和教材选用

西方（本文暂以北美为例）大学本科阶段的写作必修课定义非常清晰，那就是学术分析性写作。在此基础上，学校会针对学生的不同专业、兴趣方向分别开设以文学文本分析为主的写作课程或者非文学方向的分析性写作课程。以俄亥俄州立大学（OSU）本科生写作部（first-year writing program）为例[1]，针对文学专业或对文学感兴趣的学生开设的写作课为 English 110L (L指文学方向)，其他写作课（English 110）则分多个研究主题开设，供感兴趣的学生选择，而各类研究主题涉及社会、经济、法制和文化生活的方方面面。

就教材选用来看，该校开设的所有类型写作课程均使用一本核心教材，Writing Analytically（Rosenwasser & Stephen, 2003），以介绍分析性学术写作的基本技能，同时搭配至少一本阅读文本。如果是文学方向的，就选用文学文本，可以是一本或数本小说、诗歌、散文集等等；如果是非文学方向的，那么根据不同研究主题，授课老师可选取不同的"一级材料"（primary sources），包括一系列相关主题的读本（reader）、文章、文献、电影、电视、广告、演讲视频或文稿等等，以及不同分析角度的"二级材料"（secondary sources）。对于本科生写作，西方国家的定义和教学目的都是明晰的，就是以文本、材料分析为主的思维训练和最终的思想构建和文字呈现。或者，引用 OSU 本科生写作教学部的原话也许能让我们更直观地了解西方大学对写作能力的定义：

> Though students in English 110 develop expected writing capabilities, the course is far more than a skills course. Students emerge from the course with knowledge of rhetorical analysis and production in addition to more sophisticated perspectives on chosen course themes and experience in writing and editing for publication. [We] position students in a research university setting by asking them to learn the conventions of academic research and writing while gaining expertise in a particular course topic.（Department of English, OSU, n.d.)

当然，分析写作课程核心教材的具体内容编排也能为我们揭示写作能力在西方教学中的理论定义。以此前提到的分析性学术写作教材 *Writing Analytically*

1 该校的 Rhetoric & Composition 专业及本科生写作教学在全美范围内均属领先，本科生写作部也早在 2005 年就被授予了全国优秀写作教学部的称号，因此具有较高的代表性。

（Rosenwasser & Stephen, 2003）为例，其目录部分表明该书由三大部分组成，分别为由1-4章组成的第一部分："Making meaning: Essential skills"（如何解读意义：基本技能）；由5-9章组成的第二部分："Writing the thesis-driven paper"（如何写好有论点支撑的文章）；以及由10-14章组成的第三部分："Matters of form"（有关形式）。基于这些教材内容编排，我们可以看出西方高等教育中对于写作能力的定义并非仅仅是语言形式的正确、语篇结构的合理而已，相反语言形式和结构在写作教学仅占了一小部分，且被安排在了另外两个部分的教学之后来处理。也就是说更多的教学重点放在了教会学生如何正确解读意义，如何构建一个有效的论点，以及如何以文字形式来有效呈现和传达这一观点上。尤其值得注意的是课本的第一部分。一部写作教材的前四章都只字没有提到"写"的问题，相反，开篇就把重点放在了理解和意义的构建上，并分章阐述了以下内容：第一章，Habits of mind: Getting ready to have ideas；第二章，Noticing: Learning to observe；第三章，Interpreting: Asking "so what?"；以及第四章，Reading: How to do it and what to do with it。作者在第一章中首先分析了人们的思维定势和习惯，包括喜欢一上来就评判（judge）和概括总结（generalize），往往会有非此即彼的（binary）思维模式，生成辩论式的争论（debate-style argument）。教材进而指出了论点（idea）和个人看法（opinion）这两者间的区别，分析了究竟何谓论点的提出（what it means to have an idea）。接下来的第二章，作者解释了一个有意义的观点是如何生成的（Where do ideas come from?）——即通过观察和思考，并介绍了一个可以帮助学生学会正确、系统地观察和思考的五步观察法。第三章更推进一步，主要阐述了意义的解读过程，也就是如何基于自己观察到的表象去正确解读其背后隐藏着的假设、本质和弦外之音。要做到这一点，学生们必须学会不停地追问"所以怎样？"（ask the "so what" question）。这一部分的最后一章围绕阅读方法展开，主要为学生介绍了阅读文字的方法和技巧，以及如何读出文字背后更深层的意义并构建自己的观点。该教材整个第二部分的五章则围绕如何呈现自己的观点展开，主要涉及如何发展、丰满一个初步的观点和论点，如何有逻辑地呈现这一观点，如何正确考证、引用和应用各类资料、文献等"二级材料"来最终写成一篇合格的研究论文。而有关写作的形式和语言正确却只在第三部分的五个章节中提及，而且即使在这五章中还有一章是高于简单的形式和语言正确而强调语言风格和个人语气的选择的。可见，写作能力培养在西方最重要、最基本的内涵就是教学生如何学会思考、思辨、分析既有材料及现象来构建属于自己的观点和论点，而这种观点也绝非空想的、随机的、脱离文献和文本分析的简单的个人看法陈述。

对照以上因素，我们再来看我国现阶段本科英语专业教学中写作课程的设置和教材的选择及编排。就课程的设置来说，虽然写作课同样也是学生的必修课，并且几乎每个年级都有开设。然而，这些写作课程的设置都不是以研究主题为导向的，而是以语言形式为导向的。比如，大一的写作课主要注重语法正确以及单句和段落的写作；大二开始分体裁讲解简单的篇章结构处理；大三或大四才开设一些笼统的学术写作课程。而这些系列课程的授课内容在很大程度上会出现重叠（有时甚至与其他课程，比如语法课、精读课等的教学内容重合），同时由于过于强调形式和结构正确，使得课程内容枯燥简单，失去了对学生的吸引力。就教材的选择而言，课程普遍依赖单一的写作教材，而没有或鲜有读本和二级材料的配合，也就是说写作往往是脱离文本和材料分析进行的。可见，在国内教学中写作的本质不再是思维训练和引导学生如何思考、分析并进而形成一个有价值的观点，而是基本的语言正确和篇章结构正确。这种过多强调“形”而忽略“意”的处理方式也使得我们的写作课程质量相对低下，从而也就导致了学生的写作能力低下。

聚焦写作教材内容编排，让我们再来进一步分析国内对英语写作能力的定义。以“十一五”国家级规划教材、高等院校英语专业本科生系列教材《写作教程》第一册（徐永、白玉华，2011）为例，该书目录部分也许能在一定程度上为我们揭示国内对写作能力培养中最基本的教学目标的设定。同样，该书也由三大部分构成：前3章为一部分，主要讲如何正确、有效地使用英语词汇；4-9章为一部分，主要讲如何写出语法正确的句子，并把句子连接起来；最后一章自成一部分，主要讲标点的正确运用。很明显，不仅写作课程的设置本身脱离研究主题而以语言形式为导向，写作教材的编写和使用也同样是以语言正确为核心。对于怎样通过正确的观察去解读和构建意义，如何区分 idea 和 opinion 这两个概念，以及如何思考和分析一级、二级材料，这些都不是我们写作课的教学重点。在一定程度上，这表明写作在我国现行的外语教学模式中，其本质和根基已不再是意义和观点的构建和呈现了，而成了单纯的写语言。实质上，这套系列教程前三册的教学重点都在“形”上而非在“意”上，仅针对大四学生编纂的第四册开始初步涉及学术写作的形与意。但由于学生在此前的三年内都没有将思维训练作为写作能力培养的根本去努力，从大四时才草草开始培养学术写作能力往往已为时晚矣。这也就造成了中国英语专业学生普遍的研究性写作能力低下，缺乏构建有效学术观点的基本知识和能力。

3.2 写作测试中体现出的对写作能力的操作定义（operational definition）

除了写作课程设置、教材编排和选择，我们还可以通过研究写作考试的具体内容和形式来一窥写作能力这一构念（construct）在中西方教育教学中被赋予的不同操作定义。让我们先以美国纽约州最近的州内高中毕业英文统一考试（NYSED，2013）为例来观察一下西方对于写作能力的操作定义。比如，在2013年8月的考试中，学生首先需要阅读两篇同一主题（关于“工作的本质”）的文稿，其中一篇是作家 Sebastian Junger 的传记 *Fire* 中节选的一节，另一篇是诗人 H. L. Davis 的一首诗。学生在阅读这两篇材料后首先需要完成一般意义上的阅读理解试题（选择题），然后必须针对给出的两个具体问题写两小段评论。其中一题要求学生运用所给两篇材料中的观点来构建自己对于工作本质的一个中心论点，并要求援引两篇材料中的例子和细节来帮助自己构建这一中心论点。另外一篇则要求学生选择两个作者中的任意一人，从特定的文学元素或文学写作技巧角度论证该作者是如何运用这一元素或技巧来构建整篇文章的，同样要求学生引用所给文章中的具体内容和细节来呈现。除这两篇小评论外，写作部分考试还要求学生根据一个给定的批评视角（critical lens）来分析、讨论两部自己读过的文学作品，并撰写一篇批评分析性文章。文章中首先要求学生解读所给的批评视角究竟是何含义，并以此作为接下来文本分析的准则（criteria for analysis），通过分析两本自己读过的著作中的具体细节和文学要素来支持或反对所给批评视角中体现的内涵和观点。为方便读者更直观地了解具体的试题内容和形式，附录 2 提供了相关两部分试题的原题给读者参考。

从上述考试内容和试题本身要求来看，西方对于写作能力的考核不仅与阅读文本能力密不可分，而且考核的重中之重还是学生对文本的分析能力以及他们的思辨能力。同时，不管是短评段落写作还是批评性文章的写作都涉及两篇以上的一级材料分析和解读，也就是说，这里考核的分析能力不仅仅是学生个体对某一材料的内容分析，还需要学生做到将不同体裁的文献材料结合起来相互印证来陈述一个观点。此外，从这几部分试题的具体答题要求来看，西方写作能力考核中还涉及一个重要的元素，那就是材料的引用和引证。这一点直接体现了其写作教材中强调的 idea 和 opinion 的区别，要求学生的写作从单纯的“个人看法”（opinion）表述转变为以思辨、分析、论证为基础的“论点”（idea）构建。因此，西方写作考试中的写作能力定义可归纳为：基于文本材料的，呈现作者论点的分析性写作（source-based analytical writing that conveys a central idea）。

也许有读者认为这是英语母语国家用来考核本土高中生的试卷，自然会与我们考核 EFL 学生写作能力有着不同的侧重。那么，让我们再关注一下新 TOEFL® 考试的写作能力测试部分来进一步验证西方国家对于二语学生的写作要求。同样的，TOEFL 网络考试中对写作能力的评估也是与听、读能力紧密结合的，也就是当前最新的写作测试理念指导下的“综合”（integrated）写作能力测试。比如，写作测试的第一部分就要求学生就某个学科主题在听、读完两篇相关材料后提炼出听力材料中的主旨内容，然后将听、读材料结合起来分析其中一篇材料中的观点是如何与另一篇材料中的观点进行对话（往往是驳斥）的。第二部分则比较传统，要求学生就某个给定主题阐述自己的立场和看法。因此，可以说在针对非母语学生的英语写作测试中，也越来越倾向于基于文本、材料分析的写作能力测试。然而，反观我国现行的英语专业写作考试形式和内容（鉴于国内读者对这些信息的知情度，不再赘述），不难看出我们对于写作能力的定义还是停留在个人看法陈述阶段，没有以文本或其他形式的材料作为思考、分析和写作的基础，也自然没有引用、引证的要求。也就是说现下我国高等教育中对外语写作能力的核心定义和对写作课程的教学目标的核心定位还不是观点的构建，而只是个人立场和看法的简单陈述（prompt-based opinion writing）。而这也许正是引起我们学生写作能力低下，思辨能力缺失和科研能力不足的关键。

4. 写作能力培养和专业知识课程教学

上述文献对比分析与实证数据解读与其说是为当前我国写作教学中的不足提供了证据，不如说是为我们指出了英语专业教学改革中的某些机遇和可能性。我国当前的英语专业教学整体上由专业知识课程和基本技能课程两块组成，而这两者往往是分开教习的。这不仅体现在整个本科阶段的课程设置和行政管理上（比如，听、说、读、写、译作为技能课程各自独立教习，且区别于专业知识课程来安排授课），也体现在整个英语教学研究领域学者们的研究视角上（学者们往往将基本语言能力的培养和专业知识的教习放置在两个各自独立的环境下来讨论）。这样分而治之的结果是，学生的综合语言能力不足，拥有基础语言知识却缺乏整体语言运用能力；同时，这种脱离研究主题和文本分析的语言技能教学也导致了学生的思维及思辨能力发展严重不足，因此语言运用也大多停留在缺乏思想深度和见解的肤浅层面，使语言输出成为一种形式。同样以写作教学为例，由于课程和课本多侧重于基本的语法、句法正确和刻板的篇章结构及体裁处理，于是，行文空洞的“五段式”写作成了最终的教学和评估目标，学生们也仅知道遵循简单的文体套路去写肤浅空洞、千篇一律的文字，而不懂得如何通过写作去逻辑性地呈现一个独立的思考过程和独特的视角观点（赵冠芳，2013）。这也许就是为什么桂诗春先生曾犀利地指出当前我们学生的写作实质上只能算是在“写口语”（孙有中等，2011）；而张在新教授等学者也指出，这种“以语言为中心”的教学模式根本没有“运用语言去培养学生构建社会文化的能力”（孙有中等，2011: 607）。

此外，语言技能课程与专业知识课程的分开教习也使得专业知识课程的教学目标和效果仅停留在基本信息的传输上，也就是说学生只是被动获取相关知识和信息，却没有能力在获取知识的同时创造和传播新的知识。有效的专业课程学习应该是双向的（reciprocal），在了解的基础上必须有自己的分析、归纳、总结和思考，并进而提出自己的见解和观点来丰富现有的专业知识领域。然而我们的专业知识课程，不管是授课模式还是考核方式，都还不足以帮助学生来建立这种正确的学习意识和方法。以英语专业八级考试（high-stakes large-scale tests）为例，虽然专业知识已被纳入“专业英语能力”这一构念中来，但是考核方式决定了学生和老师对于“专业知识”的认识只停留在知识点的了解和记忆上。比如，学生在英语专业八级考试前常常抱怨要花很多时间和精力去强记英语文学、文化及语言方面的基本知识和信息上。同样的，许多专业课程考核模式（low-stakes classroom assessments）也都是以课堂考试形式进行的，以知识点的简单记忆为主，而忽略了自主研究、材料分析和观点构建等专业知识学习的真正内涵和意义所在。当然，了解这些基本常识和知识点是英语专业学习中必不可少的一部分，但是高等教育阶段的教学重点不应该停留在了解层面而忽视分析、思辨能力的培养，否则我们所希望培养的“创新人才”就只能是空谈。

要真正培养学生在专业课程中的思辨能力，从而达到我们所期望的专业课程教学目的，我们就必须改变这种语言技能课程和专业知识课程分开教习的模式，将语言技能的习得放在一个有意义的语用（language use，区别于单纯的pragmatics）环境内进行，将培养学生“运用语言去构建思想，乃至社会文化”的能力作为授课的基本目标来实施。知名二语教育家和写作研究者 Hyland 曾有言，“大学者，写作是也”（“universities are ABOUT writing,” Hyland, 2013: 1）。有鉴于写作在高等教育中的特殊地位和重要作用，专业课程的教学和评估如果能够将写作作为引导学生自主学习、分析思考和构建思想的核心手段，那么不仅专业课本身不会再是简单的知识传输，而且写作课也不会再是单纯的基本技能训练，而这必将更有效地提高英语专业学生的综合能力，从而真正为我国培养出一批具有“专业能力”（区别于专业知识）的高端英语人才。

这种写作课程和专业课程结合的教学模式也正是此前的文献对比和实证数据分析结果所指明的一个潜在的改革方向。首先，写作能力的核心定义和真正内涵还是论点的提出和构建，而语言形式的正确只是写作能力的一个方面而已，而且它不该也不能凌驾于内容和思想的呈现之上。二语写作领域的学者 Stapleton（2002）就曾在综合分析二语写作文献后指出，二语写作教学的中心和重点并不是、也不该是语言正确，而应该是教会学生如何通过严谨的思考和思辨来提出有深度的观点和见解。然而，据他的观察，这一教学重点和中心在多数二语写作教学和研究中却没有得到相应的重视。

> Seldom among the articles [published on L2 writing] is there any more than a mere mention about the quality of the content, the level of abstraction, the sophistication of the argumentation, the originality, or the creativity in reference to student writing. Rather, all these elements are assumed to be either the property of specialists within the field or of secondary importance. In fact, all academic papers, whether the first draft in a composition class or the final version to appear in a top-ranked journal, are judged first on the originality and quality of the ideas within. (Stapleton, 2002: 187).

因此，即便是对于二语学生来说，也必须要把有深度、有质量的思想和观点构建作为写作课程的教学目标，不能因为学生是二语学习者就舍弃教习写作能力的本质而去单纯追求形式正确。其次，对比中西方写作教材内容编排和写作能力测试模式，我们已经可以看出高等教育阶段的写作能力培养必须依托材料分析和主题研究进行，因而将写作作为专业知识课程的教学和评估手段不但可以为写作训练提供必要的主题研究环境，同时也可以把专业知识课堂提升到思辨和思想构建的高度，而不是简单的知识传输和信息获取。再者，此前的问卷数据反馈也表明当前的写作课程模式和质量是受到学生质疑和诟病的，其中学生们认为影响其大学阶段写作能力发展的一个最主要因素就是写作课与阅读、分析能力培养的脱节，那么将英语专业知识课程和写作课程相结合的教学模式正是解决这一问题的有效途径和出路。以专业知识作为阅读和分析的主题，以写作促进专业知识的认知和拓展正好弥补了现存技能课程和专业课程教学中存在的缺陷，同时也连接了两块本该是相辅相成的专业英语教学内容。这一点其实也正是国内许多学者最近在讨论和提倡的（常俊跃、刘晓蕖、邓耀臣，2009：孙有中，2011；孙有中、金利民，2010：胡文仲，2008；黄源深，2010）。事实上，这样的教学模式在西方高校，甚至西方中小学教育中早已十分普遍，不仅在写作课程的安排和设计上紧密依托研究主题和材料分析，在其他各个领域的专业课程教学中也同样会引入“密集写作”（intensive writing），或称“跨课程写作”（writing across the curriculum, WAC），作为专业知识教学与评估的主要手段。所以，我们的外语教学也同样可以借鉴这样的经验和模式来探索如何更好地帮助学生提高他们的专业写作能力，并同时提升他们对专业知识的理解和认知。

5. 结语

本文通过对比中西方大学写作课程设置、教材设计、教学方法及能力评估模式探讨了写作在高等教育中的定义、本质及其在专业知识课程教学中能够发挥的作用。通过数据比对和分析，我们看到写作能力的培养实质上是思维能力的培养，将写作融入专业知识课堂的教学和评估体系将有利于全面提升学生运用目的语进行思维和思辨的能力，并帮助学生学会运用语言文字去构建和呈现自己的思想和对专业知识的解读。而这一能力也正是衡量高等教育水平和质量的一个重要标准（Hyland，2013）。有读者也许会质疑文中将国内英语教学（EFL）与西方英语母语教学（L1）作对比的合理性和公允性，认为二语写作教学本身，或者以写作提升英语专业知识教学的模式，毕竟首先会受限于学生的语言表达能力，因而不能与国外的母语教学相提并论。然而，我们应该看到，随着全球化的深入，如今西方的主流教育机构内学生群体早已变得日趋多样化，因此西方所谓的主流母语教学理论与实践也早已根据这一变化做出了相应的调整。也就是说，现行西方母语教学的各环节和模式是充分考虑到二语学生的具体语言能力和学习能力的，并不会超出其学习能力之外来设定教学环节和目标。况且，如果二语学生真正想要在西方教育机构顺利完成学业，则他们也必须学习如何在西方主流语用环境下正确使用语言并习得专业课程知识，这是不以他们的意志为转移的。所以，如果我们想要在国内培养一批能够在国际上为祖国发声并争取权益的高端英语人才，就不能仅仅因为学生是 EFL 群体就舍弃语言教学中的某些核心要素而过分强调语言形式本身，这无疑是舍本逐末（Stapleton, 2002）。以写作教学为例，我们必须认识到写作能力的核心定义和写作的根本出发点就是思想的构建和呈现，如果我们的写作课程从一开始就以语言正确、形式正确为导向，则学生对于如何真正提升自己的写作能力会感到困惑。这也就是为什么在实证调研数据中我们发现许多学生都提到在写作课上感觉“学不到东西，［教学］浮于表面［而］不从基础问题开始，没有系统［性］”（见附录 1）。

诚然，并不是国内所有高校的英语专业都需要以培养高端英语人才或学术人才为己任，因此我们也大可不必为所有高校、所有学生都设置一个统一的英语学习标准。然而，在英语教育已经普及的这个时代，专业外语类院校中的英语院系该怎样为自己定位已显得尤为重要。有学者认为我们的英语教育要区别于其他院校英文专业的教育就需要走精英教育路线，要能够培养出不仅精通语言而且精通文化的学生。这样的定位自然是合理的。不过我们同时还需要认识到精通语言和精通文化都应服务于一个更高的目标，那就是运用这些语言和文化知识去主动构建自己的社会文化，并最终获取更多的国际话语权。如果只是单纯的精通他人的语言和文化（thorough knowledge about a foreign language and culture），我们也许只能被动地接收人家传达给我们的信息；只有有能力去有效地运用这些语言和文化知识来达成我们的目的（ability to use that knowledge to achieve a purpose），才能为我们争取到更多的主动权和主导权。这也许正是当下我们国家的英语高端人才需要具备的素质和我们的专业英语教育需要努力的方向。而本文正是从分析写作与专业知识课程教学间关系的角度探讨了达成这一教学目标的一个可能性。

参考文献

Hyland, K. Writing in the university: education, knowledge and reputation [J]. *Language Teaching*, 2013, 1: 1-18.

New York State Education Department. *Comprehensive examination in English: scoring key and rating guide* [Z/OL]. http://www.nysedregents.org/testing/engre/1rg-107.pdf，2007/2007-4-15.

Rosenwasser, D. & Stephen, J. *Writing Analytically* (3rd ed.) [M]. New York: Thomson Heinle, 2003.

Stapleton, P. Critiquing voice as a viable pedagogical tool in L2 writing: returning spotlight to ideas [J]. *Journal of Second Language Writing*, 2002, 11 (3): 177-190.

常俊跃、刘晓蕖、邓耀臣，2009，内容依托式教学改革对英语专业学生阅读理解能力发展的影响分析 [J],《中国外语》(3)：40-53.

胡文仲，2008，对于我国英语专业教学改革的回顾和再思考 [J],《外语界》(5)：18-23.

黄源深，2010，英语专业课程必须彻底改革——再谈“思辨缺席”[J],《中国外语》(1)：14-15.

金艳，2013，以输入为基础，以输出为驱动 [OL]. 外语学术科研网. http://www.iresearch.ac.cn/hottopic/detail.php?PostID=3308#SpeakerComment_3311。

孙有中，2011，突出思辨能力培养，将英语专业教学改革引向深入 [J],《中国外语》(3)：49-58.

孙有中、金利民，2010，英语专业的专业知识课程设置改革初探 [J], 外语教学与研究 (4)：303-305.

孙有中等，2011，英语专业写作教学与思辨能力培养座谈 [J],《外语教学与研究》(4)：603-608.

徐永、白玉华（编），2011，《写作教程1》[C]。上海：上海外语教育出版社。

颜静兰，2012，英语专业学生作文能力与教学状况探索——以2011年英语专业四级考试作文分析为例 [J],《外语测试与教学》(1)：11-20.

张冲，2010，英语学科及专业改革的思路：正名・固本・定标准 [J],《外语教学与研究》(4)：309-311.

赵冠芳，2013，国外写作声音研究：回顾、分析与启示 [J],《外语界》(3)：67-76.

附录 1：

问卷中学生提到的对各自学校当前开设的写作课的具有代表性的开放式评价

1.“鄙人上过的写作课都十分类似注重语法的精读课，精读好歹也讨论下作品内涵，写作课上有老师直接推崇八股文，十分类似各种小学生优秀议论文这样的文章”。

2.“无论是照本宣科还是完全不用教材，讲的内容和高中时的写作没有差别。写作材料都是泛泛而谈，跟大家的生活和平时关注的事件脱节。写作训练都是应用文，大家都没兴趣”。

3.“一般是按照课本授课，其实讲的东西同学们基本都懂，主要问题是在运用上。且教给大家的东西都是千篇一律的，很八股，学生很难写出自己的感觉”。

4.“内容太简单，教材上都是已经掌握的内容”。

5.“过于呆板，教材没有吸引力，授课方式也过于教条、枯燥”。

6.“大部分的时间都用在教授写作技巧上，或一大半的课时用在准备专四考试上，写作练习量不够大，而且这种枯燥、呆板的教学方式会磨灭学生对写作的兴趣”。

7.“学不到东西，浮于表面不从基础问题开始，没有系统的感觉”。

附录 2：

纽约州2013年高中毕业考试英文试卷写作相关试题

（NYSED, 2013）

Short-Response Questions

Directions (26–27): Write your responses to question 26 on page 1 of your essay booklet and question 27 on page 2 of your essay booklet. Be sure to answer ***both*** questions.

26. Write a well-developed paragraph in which you use ideas from ***both*** Passage I (the memoir excerpt) and Passage II (the poem) to establish a controlling idea about the nature of work. Develop your controlling idea using specific examples and details from ***both*** Passage I and Passage II.

27. Choose a specific literary element (e.g., theme, characterization, structure, point of view, etc.) or literary technique (e.g., symbolism, irony, figurative language, etc.) used by ***one*** of the authors. Using specific details from ***either*** Passage I (the memoir excerpt)

or Passage II (the poem), in a well-developed paragraph, show how the author uses that element or technique to develop the passage.

Part 4 (Question 28)

Your Task:

Write a critical essay in which you discuss two works of literature you have read from the particular perspective of the statement that is provided for you in the ***Critical Lens***. In your essay, provide a valid interpretation of the statement, agree ***or*** disagree with the statement as you have interpreted it, and support your opinion using specific references to appropriate literary elements from the two works. You may use scrap paper to plan your response. Write your essay beginning on page 3 of the essay booklet.

Critical Lens:

> "...the truth is often unpopular..."
> —Adlai E. Stevenson
> Commencement Address at
> Michigan State University, June 8, 1958

Guidelines:

Be sure to

- Provide a valid interpretation of the critical lens that clearly establishes the criteria for analysis
- Indicate whether you agree ***or*** disagree with the statement as you have interpreted it
- Choose ***two*** works you have read that you believe best support your opinion
- Use the criteria suggested by the critical lens to analyze the works you have chosen
- Avoid plot summary. Instead, use specific references to appropriate literary elements (for example: theme, characterization, setting, point of view) to develop your analysis
- Organize your ideas in a unified and coherent manner
- Specify the titles and authors of the literature you choose
- Follow the conventions of standard written English